Anna Siegfried

Einfaches Kochbuch für Schule und Haus

Anna Siegfried

Einfaches Kochbuch für Schule und Haus

ISBN/EAN: 9783742896629

Hergestellt in Europa, USA, Kanada, Australien, Japan

Cover: Foto ©Lupo / pixelio.de

Manufactured and distributed by brebook publishing software (www.brebook.com)

Anna Siegfried

Einfaches Kochbuch für Schule und Haus

Einfaches Kochbuch

für

Schule und Haus.

Herausgegeben

von

Anna Siegfried.

Königsberg.

Hartungsche Verlagsdruckerei.

1898.

Dieses Kochbuch wird mehrfachen Wünschen entsprechend herausgegeben. Es ist aus Recepten zusammengestellt, welche in den hiesigen Fortbildungsschulen erprobt sind und umfaßt die einfache bürgerliche Küche. Da es sich auch an Unkundige wendet, so ist die Zeit bei der Zubereitung der Speisen reichlich gemessen.

Die Verfasserin.

Inhalts-Verzeichnis.

Suppen.

		Seite
1.	Pflaumenmußsuppe	1
2.	Stachelbeersuppe	1
3.	Blaubeersuppe	2
4.	Kirschsuppe	2
5.	Johannisbeersuppe	2
6.	Pflaumensuppe	3
7.	Apfelsuppe I	3
8.	Apfelsuppe II	3
9.	Apfelsuppe III	4
10.	Birnsuppe	4
11.	Milchkaltschale	5
12.	Biersuppe	6
13.	Schlichtmus	6
14.	Sauerampfersuppe	6
15.	Kaulbarssuppe	7
16.	Buttermus	8
17.	Milchmus	8
18.	Grießsuppe	8
19.	Graupensuppe	9
20.	Reissuppe	9
21.	Hafergrütze	10
22.	Erbsensuppe	10
23.	Kartoffelsuppe	11
24.	Fleischsuppe	11
25.	Hühnersuppe	12
26.	Gemüsesuppe	12
27.	Schwarzsauer	13
28.	Beetensuppe oder Bartsch	14
29.	Gekrösesuppe	14
30.	Weiße gebundene Suppe	15
31.	Unterschied zwischen Kartoffel- und Weizenmehl beim Anrühren	15

Saucen.

1.	Petersiliensauce	16
2.	Heringssauce	16
3.	Meerrettigsauce	17
4.	Sauer und süße Sauce zu gekochten Klopsen	17
5.	Sauce zu gefülltem Kohlkopf, Spargel oder Blumenkohl	18
6.	Bechamelle od. Schinkensauce	18
7.	Sauer u. süße Sauce zu Erbsen, Bohnen oder Linsen	19
8.	Braune Mostrichsauce	19
9.	Fruchtsauce	20
10.	Schaumsauce	20
11.	Vanillensauce I	21
12.	Vanillensauce II	21

Kartoffelspeisen.

1.	Pellkartoffeln	22
2.	Geschälte Kartoffeln	22
3.	Petersilienkartoffeln	22
4.	Schinkenkartoffeln	23
5.	Sauer u. süße Kartoffeln	23
6.	Kartoffelbrei	23
7.	Bratkartoffeln	24
8.	Klappern	24
9.	Prinzeßkartoffeln	24

Eier.

1.	Weiche Eier	25
2.	Pflaumenweiche Eier	25
3.	Harte Eier	25
4.	Sooleier	25
5.	Rührei	26
6.	Setzeier	26
7.	Eierstich	27
8.	Falleier	27

Nudeln.

1.	Nudeln	28
2.	Dicke Nudeln	28
3.	Mohnnudeln	29

Maccaroni.
1. Maccaroni statt Kartoffeln zum Braten 30
2. Maccaroni mit Schinken oder Bechamellesauce im Ofen gebacken 30

Klöße.
1. Gewöhnliche Mehlklöße . . . 31
2. Apfelklöße 31
3. Speckklöße 32
4. Kartoffelklöße 32
5. Grießklöße 33
6. Schwemmklöße 33
7. Semmelklöße 34
8. Fleischklößchen 34
9. Schneeklöße 34

Flinzen.
1. Dicke Flinzen 35
2. Dünne Flinzen 35
3. Kartoffelflinzen 36
4. Eierkuchen 36
5. Apfelflinzen 37
6. Buttermilchflinzen 37
7. Omelette 38

Süße Speisen.
1. Milchreis 39
2. Grießbrei 39
3. Reispudding 40
4. Nudelmehlspeise 41
5. Brühpudding 42
6. Grießpudding 42
7. Brotpudding 43
8. Grießflammerie 44
9. Mondaminflammerie 44
10. Flammerie von Kartoffelmehl 44
11. Rote Grütze 45
12. Apfelreis 45

Kompotts.
1. Blaubeerkompott 46
2. Himbeerkompott 46
3. Erdbeerkompott 46
4. Johannisbeerkompott 46
5. Kirschkompott 47
6. Stachelbeerkompott 47
7. Pflaumenkompott 47
8. Preißelbeerkompott 47
9. Moosbeeren 48
10. Apfelkompott 48
11. Birnkompott 48

Backobst.
1. Backobst 49

Gemüse.
1. Gestofte Karotten 50
2. Gestofte grüne Erbsen . . . 50
3. Blumenkohl 51
4. Spargel 51
5. Spinat 51
6. Kohlrabi 52
7. Grüne Bohnen I 52
8. Grüne Bohnen II 53
9. Wachsbohnen 53
10. Saubohnen 54
11. Wirsingkohl 54
12. Weißkohl 54
13. Schmorkohl 55
14. Rotkohl 55
15. Sauerkohl 56
16. Kohlrüben oder Wrucken . . 56
17. Teltowerrüben 57
18. Rosenkohl I 57
19. Rosenkohl II 57
20. Braunkohl oder Grünkohl . . 57

Pilze.
1. Pilze I 58
2. Pilze II 58

Fische.
1. Kennzeichen frischer Fische . 59
2. Kennzeichen garer Fische . . 59
3. Das Töten der Fische . . . 59
4. Das Ausnehmen von großen Fischen 60
5. Das Ausnehmen von Flundern und Steinbutten 60
6. Das Vorbereiten des Aals . 61

	Seite
7. Grüner oder Butterfisch	61
8. Der Hering	62
9. Bierfisch	62
10. Hecht oder Zander ganz gekocht	63
11. Karpfen blau	64
12. Gebratene kleine Fische	64
13. Gekochte Steinbutte	64
14. Gebratener Hecht oder Zander im Ofen	64

Das Braten auf dem Herd von unpanierten Sachen.

1. Geschabte Beefsteaks	65
2. Ganze Beefsteaks	66
3. Schweineschnitzel	66
4. Klops	67
5. Kalbskotelettes	67
6. Bouletten	68
7. Hammelkotelettes	68

Das Braten von paniertem Fleisch.

1. Gebratene Leber	69
2. Kalbsschnitzel	69
3. Kalbs- ob. Schweinekarbonade	69

Das Schmoren von magerm Braten.

1. Geschmortes Rindfleisch	70
2. Geschmortes Kalbfleisch	70
3. Pfefferklops ob. Rinderrouladen	71
4. Geschmorte Taube	71
5. Geschmortes Keuchel	72
6. Geschmortes Huhn	72

Das Schmoren von fettem Fleisch.

1. Geschmortes Schweinefleisch	73
2. Geschmortes fettes Hammelfleisch	73
3. Geschmorte Ente	73
4. Bratwurst	74

Magere Braten im Ofen.

1. Allgemeine Regeln	74
2. Kalbsbraten	75
3. Gebratenes junges Huhn oder Keuchel	75
4. Gebratenes Huhn	75
5. Hackbraten oder falscher Hasenbraten	76

	Seite
6. Hasenbraten	76
7. Rehrücken und Rehkeule	77
8. Das Vorbereiten des Hasen	77
9. Das Ausnehmen des Geflügels	78
10. Das Spicken der Braten	79
11. Erkennungszeichen von gutem Fleisch und jungem Geflügel	80

Fette Braten im Ofen.

1. Allgemeine Regeln	80
2. Gebratene Ente	81
3. Gebratene Gans	81
4. Schweinebraten	81
5. Fette Hammelkeule ob. Rücken	81
6. Gefülltes Schweinerippspeer	82

Verschiedene Gerichte.

1. Kohlpudding	82
2. Saure und süße Klopse	82
3. Klops mit Heringssauce	83
4. Saure und süße Erbsen, Bohnen oder Linsen	83
5. Heringscrème	83
6. Hachée	84
7. Gedämpfte Schweinekarbonade	84
8. Gedämpftes Gänse- ob. Entengekröse	84

Hefengebäcke.

Loser Hefenteig.

1. Kropfen	85
2. Fladen	86
3. Obstfladen	86
4. Napfkuchen	86

Fester Hefenteig.

1. Einfacher Stritzel	87
2. Mohnstritzel	88
3. Pfannkuchen	88

Kuchen.

1. Gewürznüsse	89
2. Brotkuchen	89
3. Grießtorte	90
4. Sandkuchen	90
5. Baisechen	91
6. Makronen	91

Suppen.

1. Pflaumenmussuppe für 3—4 Personen.

½ Pfund Pflaumenmus	15	Pf.
1 Liter Wasser	—	„
60 Gramm (5 gestrichene Eßlöffel) Zucker	3	„
Zum Anrühren 12 Gramm (1 gestrichener Eß- löffel) Kartoffelmehl	²/₅	„
und ⅛ Liter Wasser	—	„
	18²/₅	Pf.

Die Pflaumenmus wird mit 1 Liter Wasser tüchtig verrührt, dann aufgekocht und gesüßt und mit Kartoffelmehl und ⅛ Liter Wasser angerührt. Die Suppe ist gut, wenn das Kartoffelmehl klar gekocht ist. Vor dem Anrichten wird die Suppe durchgeschlagen.

Zeitdauer der Bereitung ½ Stunde.

Siehe Seite 15 Unterschied zwischen Kartoffel- und Weizenmehl beim Anrühren.

2. Stachelbeersuppe für 3—4 Personen.

½ Liter Stachelbeeren	15	Pf.
1 Liter Wasser	—	„
60 Gramm (5 gestrichene Eßlöffel) Zucker	3	„
Zum Anrühren 12 Gramm (1 gestrichener Eß- löffel) Kartoffelmehl	²/₅	„
und ⅛ Liter Wasser	—	„
	18²/₅	Pf.

Die Stachelbeeren werden von Blüte und Stengel befreit, abgewaschen, mit 1 Liter Wasser und Zucker gekocht, bis sie platzen und mit Kartoffelmehl und ⅛ Liter Wasser angerührt.

Zeitdauer der Bereitung 1 Stunde.

3. Blaubeersuppe für 3—4 Personen.

½ Liter Blaubeeren	15	Pf.
¾ Liter Wasser	—	„
48 Gramm (4 gestrichene Eßlöffel) Zucker	2½	„
Zum Anrühren 12 Gramm (1 gestrichener Eß= löffel) Kartoffelmehl	⅖	„
und ⅛ Liter Wasser	—	„
	17 9/10	Pf.

Die Blaubeeren werden abgewaschen, ausgelesen und wie Stachelbeersuppe gekocht.

Zeitdauer der Bereitung ½ Stunde.

4. Kirschsuppe für 3—4 Personen.

½ Liter Bierkirschen	15	Pf.
¾ Liter Wasser	—	„
60 Gramm (5 gestrichene Eßlöffel) Zucker	3	„
Zum Anrühren 12 Gramm (1 gestrichener Eß= löffel) Kartoffelmehl	⅖	„
und ⅛ Liter Wasser	—	„
	18 ⅖	Pf.

Die Kirschen werden abgestengelt, abgewaschen und wie Stachelbeersuppe gekocht.

Zeitdauer der Bereitung ½ Stunde.

5. Johannesbeersuppe für 3—4 Personen.

1 Liter Johannisbeeren	20	Pf.
1 Liter Wasser	—	„
60 Gramm (5 gestrichene Eßlöffel) Zucker	3	„
Zum Anrühren 12 Gramm (1 gestrichener Eß= löffel) Kartoffelmehl	⅖	„
und ⅛ Liter Wasser	—	„
	23 ⅖	Pf.

Wie Kirschsuppe.

Zeitdauer der Bereitung 1 Stunde.

6. Pflaumensuppe für 4—5 Personen.

1 Liter Pflaumen	20	Pf.
1¼ Liter Wasser	—	„
72 Gramm (6 gestrichene Eßlöffel) Zucker	4	„
Zum Anrühren 12 Gramm (1 gestrichener Eß= löffel) Kartoffelmehl	²/₅	„
und ⅛ Liter Wasser	—	„
	24²/₅	Pf.

Die Pflaumen werden abgewischt, ausgesteint und wie Kirschsuppe gekocht.

Zeitdauer der Bereitung 1 Stunde.

7. Apfelsuppe für 3—4 Personen.

1 Liter Äpfel	20	Pf.
1¼ Liter Wasser	—	„
72 Gramm (6 gestrichene Eßlöffel) Zucker	4	„
Zum Anrühren 12 Gramm (1 gestrichener Eß= löffel) Kartoffelmehl	²/₅	„
und ⅛ Liter Wasser	—	„
	24²/₅	Pf.

Die Äpfel werden von Blüte und Stengel befreit, in Stücke geschnitten und in 1¼ Liter Wasser weichgekocht, dann durchgeschlagen, wieder aufgekocht, gesüßt und mit ⅛ Liter Wasser und Kartoffelmehl angerührt.

Zeitdauer der Bereitung 1 Stunde.

8. Apfelsuppe.

1 Liter Äpfel	20	Pf.
1⅛ Liter Wasser	—	„
72 Gramm (6 gestrichene Eßlöffel) Zucker	4	„
Zum Anrühren 12 Gramm (1 gestrichener Eß= löffel) Kartoffelmehl und ⅛ Liter Wasser	²/₅	„
½ Zitronenschale und Saft	5	„
	29²/₅	Pf.

Die Äpfel werden geschält, in Viertel oder Achtel geschnitten, vom Kernhaus befreit, in 1⅛ Liter Wasser mit Zucker und abgeriebener Zitronenschale weichgekocht und mit ⅛ Liter Wasser und Kartoffelmehl angerührt. Zuletzt kommt der Zitronensaft heran.

Zeitdauer der Bereitung 1 Stunde.

9. Apfelsuppe für 3—4 Personen.

1 Liter Äpfel	20	Pf.
1⅛ Liter Wasser	—	„
72 Gramm (6 gestrichene Eßlöffel) Zucker	4	„
1 gestrichener Eßlöffel gestoßener Anis	½	„
Zum Anrühren 30 Gramm (3 gestrichene Eßlöffel) Weizenmehl	9/10	„
und ⅛ Liter süße Sahne	7½	„
	32 9/10 Pf.	

Die Äpfel werden von Blüte und Stengel befreit und in Stücke geschnitten, abgewaschen in 1⅛ Liter Wasser weichgekocht und durchgeschlagen, dann mit Zucker und Anis aufgekocht und mit Mehl und Sahne angerührt.

Zeitdauer der Bereitung 1 Stunde.

Siehe Unterschied zwischen Kartoffel- und Weizenmehl beim Anrühren.

10. Birnsuppe für 3—4 Personen.

1 Liter Birnen	30	Pf.
3—4 Äpfel	10	„
12 Gewürznelken	2	„
72 Gramm (6 gestrichene Eßlöffel) Zucker	4	„
1½ Liter Wasser	—	„
Zum Anrühren 30 Gramm (3 gestrichene Eßlöffel) Weizenmehl	9/10	„
und ⅛ Liter Sahne	7½	„
	54 2/5 Pf.	

Die Birnen und Äpfel werden geschält, in Viertel oder

Achtel geschnitten, vom Kernhaus befreit und mit 12 Gewürz=
nelken mit 1½ Liter Wasser und Zucker weichgekocht und mit
Mehl und Sahne angerührt.

Zeitdauer der Bereitung 1½ Stunden.

11. Milchkaltschale für 3—4 Personen.

¾ Liter frische Milch............	12	Pf.
60 Gramm (5 gestrichene Eßlöffel) Zucker....	3	„
12 bittere Mandeln fein gestoßen........	3	„
Zum Anrühren 12 Gramm (1 gestrichener Eßlöffel) Kartoffelmehl............	²/₅	„
¼ Liter Milch...............	4	„
Zum Legieren der Suppe:		
1 Eigelb................	3	„
	25²/₅	Pf.

¾ Liter Milch, Zucker und bittere Mandeln werden aufgekocht
und mit ⅛ Liter Milch und Kartoffelmehl angerührt. 1 Ei=
gelb wird mit ⅛ Liter Milch tüchtig in der Suppenschüssel
verklopft und die Milch heraufgegossen. Die Suppe muß öfter
umgerührt werden, damit sich keine Haut bildet. Die erkaltete
Suppe wird mit Schneeklößen angerichtet.

Zeitdauer der Bereitung 3 Stunden.

Schneeklöße dazu:

1 Eiweiß................	3	Pf.
12 Gramm (1 gestrichener Eßlöffel) Zucker...	⅗	„
½ Theelöffel Zimmt...........	½	„
	4¹/₁₀	Pf.

Das Eiweiß wird zu steifem Schnee geschlagen, mit dem
Zucker schnell gemischt und mit kochendem Wasser bebrüht.
Dann wird das Wasser abgegossen und der gezuckerte Schnee
mit ½ Theelöffel Zimmt bestreut. Mit einem Löffel werden
von der Masse kleine Klöße abgestochen, welche man auf die
fertige Suppe legt.

Zeitdauer der Bereitung, wenn das Wasser kocht ¼
Stunde.

12. Biersuppe für 3—4 Personen.

1 Flasche = ¾ Liter Braunbier	10 Pf.
48 Gramm (4 gestrichene Eßlöffel) Zucker . . .	2½ „
Zum Anrühren ¼ Liter Milch	4 „
und 30 Gramm (3 gestrichene Eßlöffel) Weizenmehl	9/10 „
1 Eigelb zum Legieren	3 „
	20²/5 Pf.

Das Bier wird mit dem Zucker aufgekocht und mit Mehl und ⅛ Liter Milch angerührt. Nachdem 1 Eigelb mit ⅛ Liter Milch in der Suppenschüssel tüchtig verklopft ist, wird die fertige Suppe heraufgegossen, umgerührt und angerichtet. Man giebt Schneeklöße wie zur Milchkaltschale dazu. Siehe Seite 15 Unterschied zwischen Kartoffel- und Weizenmehl beim Anrühren.

Zeitdauer der Bereitung ½ Stunde.

13. Schlichtmus für 3—4 Personen.

1 Liter Wasser	— Pf.
10 Gramm (1 gestrichener Eßlöffel) Salz	⅕ „
Zum Anrühren ⅛ Liter Wasser	— „
und 40 Gramm (4 gestrichene Eßlöffel) Weizenmehl	1⅕ „
17 Gramm (1 gestrichener Eßlöffel) Butter . . .	4 „
	5²/5 Pf.

Wasser und Salz werden aufgekocht und mit Mehl und ⅛ Liter Wasser angerührt. An die fertige Suppe thut man 1 Eßlöffel Butter.

Zeitdauer der Bereitung ½ Stunde.

14. Sauerampfersuppe für 3—4 Personen.

2 Liter Sauerampfer	15 Pf.
1⅛ Liter Wasser	—
1 Stückchen Sellerie und Petersilienwurzel (kann auch fortbleiben)	5 „
10 Gramm (1 gestrichener Eßlöffel) Salz	⅕ „
Zum Anrühren 30 Gramm (3 gestrichene Eß-löffel) Weizenmehl	9/10 „
und ⅛ Liter Sahne	7½ „
	28³/5 Pf.

Der Sauerampfer wird ausgelesen und abgewaschen. — Wasser, Wurzelwerk und Salz werden aufgekocht, der Sauerampfer hineingeschüttet und in etwa 10 Minuten weichgekocht, dann durchgeschlagen mit Mehl und Sahne angerührt und mit Salz und 1 Messerspitze Pfeffer (nach Belieben auch mit einer Messerspitze Fleischextrakt) abgeschmeckt. Man giebt Falleier zur Suppe.

Zeitdauer der Bereitung 1 Stunde.

15. Kaulbarssuppe für 3—4 Personen.

15—20 Kaulbarse	15 Pf.
10 Gramm (1 gestrichener Eßlöffel) Salz	$1/5$ „
1¼ Liter Wasser	—
1 Stückchen Sellerie und Petersilienwurzel	3 „
Zum Anrühren ⅛ Liter Sahne	7½ „
und 30 Gramm (3 gestrichene Eßlöffel) Weizenmehl	$9/10$ „
1 Messerspitze Pfeffer	$1/10$ „
34 Gramm (2 gestrichene Eßlöffel) Butter	8 „
Grüne gehackte Petersilie	2 „
1 Eigelb zum Legieren der Suppe	3 „
	$397/10$ Pf.

Die Kaulbarse werden geschuppt, ausgenommen, abgewaschen und besalzen. (Von den größeren Fischen nimmt man auch die Lebern.) 1¼ Liter Wasser wird mit Sellerie und Petersilienwurzel aufgekocht, dann werden die Fische hineingeschüttet und gargekocht. (Sie sind gar, wenn die Augen wie weiße Perlen aus dem Kopf hervortreten, die Kiemen grau sind und die Flossen sich leicht herausziehen lassen.) Von den größten Fischen löst man jetzt das Rückenfleisch ab und schlägt alles übrige durch ein feines Drahtsieb; setzt die Suppe wieder aufs Feuer, rührt sie mit Sahne und Mehl an und schmeckt sie mit Butter, Pfeffer, Salz und grüner Petersilie ab. Das abgelöste Fleisch wird in die Suppe gethan und diese über einem mit 2 Eßlöffeln Sahne verklopften Eigelb in die Suppenschüssel gegossen. Siehe Seite 15 Unterschied zwischen Kartoffel= und Weizenmehl beim Anrühren.

Zeitdauer der Bereitung 1½ Stunden.

16. Buttermus für 3—4 Personen.

1¹/₈ Liter Wasser	—
10 Gramm (1 gestrichener Eßlöffel) Salz	¹/₅ „
40 Gramm (4 gestrichene Eßlöffel) Weizenmehl . .	1¹/₅ „
1 Ei	6 „
1—2 Eßlöffel Sahne	2 „
17 Gramm (1 gestrichener Eßlöffel) Butter . . .	4 „
	13²/₅ Pf.

Wasser und Salz werden aufgekocht. In die Mitte des Mehls wird ein Loch gemacht und in dieses 1 Ei hineinge=schlagen. Nun gießt man, indem immer von der Mitte aus gerührt wird, 1—2 Eßlöffel Milch oder Sahne hinzu, thut noch eine Messerspitze Salz an den Teig und rührt das Ganze zu einem glatten Teige, der in nicht zu großen Stücken vom Löffel fällt. Dieser Teig wird nun in das kochende Wasser hineingetropft. Etwas von demselben behält man in der Schüssel zurück, schöpft ein paar Löffel von der kochenden Suppe herauf, rührt dieses tüchtig um und schüttet den verrührten Teig an die kochende Suppe, um diese bündiger zu machen.

Die Suppe wird mit Butter und Salz abgeschmeckt und angerichtet.

Zeitdauer der Bereitung ¹/₂ Stunde.

17. Milchmus für 3—4 Personen.

Man nimmt statt Wasser Milch.

Zeitdauer der Bereitung ¹/₂ Stunde.

18. Griessuppe für 3—4 Personen.

1¹/₄ Liter Wasser	— Pf.
10 Gramm (1 gestrichener Eßlöffel) Salz	¹/₅ „
72 Gramm (6 gestrichene Eßlöffel) Gries	3 „
17 Gramm (1 gestrichener Eßlöffel) Butter . . .	4 „
	7¹/₅ Pf.

Der Gries wird in das kochende Wasser hineingestreut, umgerührt und in etwa 10 Minuten gargekocht. Mit Butter und Salz abgeschmeckt und angerichtet. Sehr feiner Gries wird, bevor er in das kochende Wasser kommt, mit etwas kaltem Wasser verrührt.

Zeitdauer der Bereitung ½ Stunde.

19. Graupensuppe für 3—4 Personen.

75 Gramm (5 gestrichene Eßlöffel) Graupen...	4	Pf.
1¼ Liter Wasser................	—	,,
10 Gramm (1 gestrichener Eßlöffel) Salz....	⅕	,,
17 Gramm (1 gestrichener Eßlöffel) Butter...	4	,,
	8⅕	Pf.

Die Graupen werden mit Wasser weich gekocht, dann mit Salz und Butter abgeschmeckt und angerichtet. Wenn nötig wird die Suppe mit etwas Wasser verdünnt.

Zeitdauer der Bereitung 2 Stunden.

20. Reissuppe für 4—5 Personen.

¼ Pfund Reis (1 knappe Obertasse)......	5	Pf.
1½ Liter Wasser................	—	,,
10 Gramm (1 gestrichener Eßlöffel) Salz....	⅕	,,
17 Gramm (1 gestrichener Eßlöffel) Butter...	4	,,
⅛ Pfund Sultaninen..............	7½	,,
60 Gramm (5 gestrichene Eßlöffel) Zucker...	3	,,
1 Theelöffel Zimmt..............	½	,,
	20⅕	Pf.

Nachdem der Reis mit Wasser und Salz in etwa 1 Stunde weich gekocht ist, thut man die Butter und die Sultaninen, welche vorher von den Stengeln befreit und abgewaschen wurden, heran und schmeckt die Suppe mit Zucker und Zimmt ab oder giebt diesen auch in einem Schälchen apart dazu.

Zeitdauer der Bereitung 1 Stunde.

21. Hafergrütze für 4—5 Perſonen.

¼ Pfund (1 Obertaſſe) Hafergrütze	5	Pf.
1½ Liter Waſſer	—	„
10 Gramm (1 geſtrichener Eßlöffel) Salz	⅕	„
17 Gramm (1 geſtrichener Eßlöffel) Butter	4	„
8 geſtoßene bittere Mandeln	2	„
⅛ Pfund Korinthen	7½	„
60 Gramm (5 geſtrichene Eßlöffel) Zucker	3	„
1 Theelöffel Zimmt	½	„
	22⅕	Pf.

Wenn die Hafergrütze mit Waſſer weich gekocht iſt, wird ſie durchgeſchlagen, dann mit den gereinigten Korinthen und allen übrigen Zuthaten gemiſcht, wenn nötig verdünnt und angerichtet. Zucker und Zimmt können auch auf einem Schälchen apart dazu gegeben werden.

Zeitdauer der Bereitung 1½ Stunde.

22. Erbſenſuppe für 3—4 Perſonen.

¼ Liter Erbſen oder Bohnen	5	Pf.
¼ Pfund Bauchſtück, Schwarte oder Speck	20	„
3 Stiele Majoran	½	„
1 Meſſerſpitze doppelt kohlenſaures Natron	½	„
1¼ Liter Waſſer	—	„
30 Gramm (2 geſtrichene Eßlöffel) Graupen	2	„
	28	Pf.

Die Erbſen werden am Abend vorher ausgeleſen und mit reichlichem Waſſer eingeweicht.

Am nächſten Tage werden ſie mit Bauchſtück, Majoran und Natron in 1¼ Liter Waſſer weichgekocht und durchge= ſchlagen. Die Graupen werden mit ſoviel Waſſer, daß es 4 Finger breit überſteht, aufs Feuer geſetzt und in 2 Stunden weich und dick ausgequollen und mit der fertigen Suppe ver= miſcht. Das Bauchſtück ſchneidet man als kleine Würfel in die Suppe oder giebt es auf einer Schüſſel apart dazu.

Zeitdauer der Bereitung, wenn die Erbſen eingeweicht ſind, 2—3 Stunden.

23. Kartoffelsuppe für 3—4 Personen.

1 Liter Kartoffeln	5	Pf.
Wasser zum Weichkochen, daß es 4 Finger breit übersteht	—	„
½ Liter Wasser	—	„
⅛ Liter Milch	2	„
5 Gramm (1 gestrichener Theelöffel) Salz	1/10	„
1 Messerspitze Pfeffer	1/10	„
⅛ Pfund geräucherter Speck	10	„
1 kleine Zwiebel in Würfel	½	„
	17 7/10 Pf.	

Die geschälten Kartoffeln werden gargekocht, abgegossen, abgedampft, fein zerstampft und mit ½ Liter Wasser und ⅛ Liter Milch verrührt und durchgekocht. Speck und Zwiebel werden in kleine Würfel geschnitten, braun gebraten und in die Suppe geschüttet. Diese wird nun mit Pfeffer und Salz abgeschmeckt und angerichtet.

Zeitdauer der Bereitung 1½ Stunde.

24. Fleischsuppe für 3—4 Personen.

½—1 Pfund Rindfleisch (am besten Schwanzstück)	30	Pf.
1½ Liter Wasser	—	„
10 Gramm (1 gestrichener Eßlöffel) Salz	1/5	„
1 Stückchen Sellerie und Petersilienwurzel, 1 kleine Karotte	5	„
	35 1/5 Pf.	

Das Fleisch wird schnell abgewaschen und mit 1½ Liter kaltem Wasser und Salz aufs Feuer gesetzt und abgeschäumt. Dann wird das abgeputzte Wurzelwerk herangelegt und mit dem Fleisch zusammen weich gekocht. Ist das Fleisch weich, so wird die Suppe durch ein Sieb gegossen und wenn nötig entfettet. Wurzelwerk und Fleisch werden in Stücke geschnitten und an die fertige Suppe gethan.

Zeitdauer der Bereitung 2 Stunden.

Reis dazu:

64 Gramm (4 gestrichene Eßlöffel) Reis	$2^{1}/_{2}$ ₰
5 Gramm (1 gestrichener Theelöffel) Salz	$^{1}/_{10}$
Wasser so viel, daß es 3 Finger breit übersteht .	—
½ Theelöffel Butter	1
	$3^{3}/_{5}$ ₰

Der Reis wird mit Wasser, Salz und Butter dick u[nd] weich ausgequollen und in die Suppe geschüttet oder auch a[us] einem Schälchen apart dazu gegeben.

Zeitdauer der Bereitung 1 Stunde.

25. Hühnersuppe für 5—6 Personen.

1 altes Huhn	1 Mk.	40	₰
2 Liter Wasser	—	„	—
10 Gramm (1 gestrichener Eßlöffel) Salz .	—	„	$^{1}/_{5}$
Sellerie-Petersilienwurzel und Karotte . .	—	„	5
1 Strauß grüne Petersilie fein gehackt . .	—	„	2
	1 Mk.	$47^{1}/_{5}$	₰

Hühnersuppe wird wie Fleischsuppe gekocht. Man gie[bt] auch Reis dazu.

Siehe auch: Weiße gebundene Suppe.

Zeitdauer der Bereitung, wenn das Huhn vorbereitet ist, 2—3 Stunden.

26. Gemüsesuppe für 4—5 Personen.

1 Pfund Hammelrippen	45	Pf.
2 Liter Wasser	—	„
10 Gramm (1 gestrichener Eßlöffel) Salz	$^{1}/_{5}$	„
6 Kartoffeln	2	„
1 kleiner Kohlkopf	5	„
3 Stiele Majoran	½	„
½ kleine Kohlrübe (Wruke)	3	„
1 Messerspitze Pfeffer	$^{1}/_{10}$	„
	$55^{4}/_{5}$	Pf.

Wie Fleischsuppe.

Kohl und Wruke werden gepuzt. (Der Kohl wird in Viertel oder Achtel, die Wruke in Würfel geschnitten) und mit kochendem Wasser bebrüht, dann abgetropft und an die geschäumte Suppe gethan. Majoran und geschälte Kartoffeln kommen jetzt auch hinzu. Sind Fleisch und Gemüse weich, wird die Suppe, wenn nötig, entfettet und mit Pfeffer und Salz abgeschmeckt. Das Fleisch giebt man auf einer Schüssel dazu oder schneidet es als Würfel an die Suppe.

Zeitdauer der Bereitung 3 Stunden.

27. Schwarzsauer für 5—6 Personen.

1 Gänse= oder 2 Entengekröse	75	Pf.
2 Liter Wasser	—	„
10 Gramm (1 gestrichener Eßlöffel) Salz	1/5	„
1 kleine Zwiebel und 6 Gewürzkörner	1	„
4 Stiele Majoran	1	„
1/4 Pfund Backobst (Äpfel und Birnen gemischt)	20	„
Zum Anrühren 20 Gramm (2 gestrichene Eßlöffel) Weizenmehl	3/5	„
und 1/8 Liter Gänse= oder Entenblut	5	„
24 Gramm (2 gestrichene Eßlöffel) Zucker	1 1/2	„
4 Eßlöffel Essig und 10 gestoßene Gewürznelken	2 1/2	„
	1,00 4/5 Mk.	

Man kocht das Gekröse mit Salz und Wasser auf, schäumt es, thut dann Majoran und Gewürze heran und läßt es weich kochen. Das Backobst wird den Abend vorher abgewaschen und mit so viel Wasser, daß es drei Finger breit übersteht, eingeweicht, und in demselben Wasser am nächsten Tage weich und dick gekocht. Kocht die Flüssigkeit zu sehr ein, bevor das Obst weich ist, so gießt man von der Gekrösesuppe etwas dazu. — Die fertige Suppe wird mit dem Obst gemischt, mit Mehl und Blut angerührt und mit Essig, Zucker und Gewürznelken abgeschmeckt. Man giebt Speckklöße dazu. Das Blut wird, bevor man es mit dem Mehl verrührt, durch ein Sieb gegossen. Das Fleisch giebt man auf einer aparten Schüssel dazu.

Zeitdauer der Bereitung 3 Stunden.

28. Rectenſuppe oder Bartſch für 4 Perſonen.

1¼ Liter Fleiſchſuppe von ½ Pfund Fleiſch	35⅕ Pf.
1 rote Rübe	5 „
Zum Anrühren ⅛ Liter Sahne	7½ „
und 20 Gramm (2 geſtrichene Eßlöffel) Weizenmehl	⅕ „
2—3 Eßlöffel Eſſig und 1 Meſſerſpitze Pfeffer	⅕ „
	48¹/₁₀ Pf.

Die rote Rübe wird ſauber abgebürſtet in reichlichem Waſſer, in etwa 2—3 Stunden weichgekocht, dann abgeſchält, auf einem Reibeiſen gerieben und mit der Fleiſchſuppe aufgekocht. Man rührt die Suppe nun mit Mehl und Sahne an und ſchmeckt ſie mit Eſſig, Pfeffer und Salz ab. — Geſchälte Kartoffeln und Fleiſch werden dazu gegeben.

Zeitdauer der Bereitung 3 Stunden.

29. Gekröſeſuppe für 5—6 Perſonen.

1 Gänſe- oder 2 Entengekröſe	75 Pf.
2 Liter Waſſer	— „
10 Gramm (1 geſtrichener Eßlöffel) Salz	⅕ „
6 Gewürzkörner und 1 kleine Zwiebel	½ „
3 Stiele Majoran	½ „
1 Apfel	2 „
Zum Anrühren ⅛ Liter Sahne	7½ „
und 30 Gramm (3 geſtrichene Eßlöffel) Weizenmehl	⁹/₁₀ „
30 Gramm (2 geſtrichene Eßlöffel) Graupen	2 „
	88⅗ Pf.

Das Gekröſe wird mit Waſſer und Salz aufgekocht und geſchäumt und dann mit Zwiebel, Majoran und Gewürzen weichgekocht. Iſt das Gekröſe weich, ſo wird die Suppe mit Sahne und Mehl angerührt und mit 30 Gramm, wie zur Erbsſuppe, apart ausgequollene Graupen vermiſcht. 1 Apfel wird von Blüte und Stengel befreit, in Scheiben geſchnitten und mit der Suppe ein paar Mal aufgekocht, bevor man ſie anrichtet. Wird die Suppe ſauer geliebt, ſo ſchmeckt man ſie mit etwas Eſſig ab.

Zeitdauer der Bereitung 3 Stunden.

30. Weiße gebundene Suppe für 4 Personen.

1¼ Liter Bouillon von Kalbfleisch oder 1¼ Liter Blumenkohl oder Spargelwasser oder Fischwasser . .	20	Pf.
34 Gramm (2 gestrichene Eßlöffel) Butter. . . .	8	,,
40 Gramm (4 gestrichene Eßlöffel) Weizenmehl. .	1⅕	,,
1 Eigelb.	3	,,
1 Messerspitze Pfeffer und Salz nach Geschmack .	⅕	,,
	32⅖	Pf.

Aus Butter, Mehl und Flüssigkeit wird eine weiße Mehlschwitze gemacht, siehe Petersiliensauce, welche bündig gekocht wird. 1 Eigelb wird mit 2 Eßlöffeln Milch, Sahne oder Wasser in der Suppenschüssel tüchtig verklopft und mit der fertigen Suppe vermischt. — Übrig gebliebene Fleisch=, Fisch=, Spargel= oder Blumenkohlstückchen kann man in die fertige Suppe thun.

Zeitdauer der Bereitung, wenn man nur die weiße Mehlschwitze zu machen hat, ½ Stunde.

31. Unterschied zwischen Kartoffel- und Weizenmehl beim Anrühren.

Jedes Mehl wird stets mit kalter Flüssigkeit angerührt.

Zu Kartoffelmehl kann man dieselbe auf einmal zugießen, denn es löst sich in derselben auf.

Rührt man Weizenmehl an, so macht man in dasselbe, damit es sicher beim Anrühren glatt wird, ein Loch und gießt die Flüssigkeit, indem man immer von der Mitte aus rührt, langsam hinzu.

Saucen.

1. Petersiliensauce für 3 Personen.

17 Gramm (1 gestrichener Eßlöffel) Butter . . .	4 Pf.
20 Gramm Weizenmehl (2 gestrichene Eßlöffel) . .	3/5 ,,
1/4 Liter Wasser	— ,,
5 Gramm (1 gestrichener Theelöffel) Salz	1/10 ,,
1 kleine Zwiebel und 1 Messerspitze Pfeffer . . .	2 ,,
1 Eßlöffel grüne gehackte Petersilie	5 ,,
	11 7/10 Pf.

Die Butter wird geschmolzen, eine abgeschälte Zwiebel hineingelegt, das Mehl unter Rühren zugeschüttet und wenn es glatt gerührt ist, langsam das Wasser hinzugefüllt. Die Sauce wird bündig gekocht und mit Salz, Pfeffer und grüner Petersilie abgeschmeckt.

Zeitdauer der Bereitung 1/2 Stunde.

2. Heringssauce für 3—4 Personen.

17 Gramm (1 gestrichener Eßlöffel) Butter . . .	4 Pf.
20 Gramm (2 gestrichene Eßlöffel) Weizenmehl . .	3/5 ,,
1/4 Liter Wasser	— ,,
1 kleine Zwiebel und 1 Messerspitze Pfeffer . . .	2 ,,
1 kleiner Theelöffel Essig	1/10 ,,
1 kleiner eingewässerter Hering	8 ,,
	14 7/10 Pf.

Wie Petersiliensauce. An die fertige Sauce kommt ein eingewässerter fein gehackter Hering, 1 Messerspitze Pfeffer,

Essig oder Citronensaft und wenn nötig etwas Salz. Man kann die fertige Sauce auch mit einem Eigelb abziehn. Siehe Seite 27 Nr. 9. (Zu gekochtem Rindfleisch oder Klopsen).

Zeitdauer der Bereitung, wenn der Hering eingewässert ist, ¾ Stunde.

3. Meerrettigsauce für 3—4 Personen.

17 Gramm (1 gestrichener Eßlöffel) Butter . . .	4	Pf.
20 Gramm (2 gestrichene Eßlöffel) Weizenmehl. .	³/₅	„
¼ Liter Wasser	—	„
5 Gramm (1 gestrichener Theelöffel) Salz . . .	¹/₁₀	„
1 kleine Zwiebel	½	„
2 Eßlöffel geriebenen Meerettig	2	„
1 Eßlöffel Sahne	1	„
	8¹/₅	Pf.

Wie Petersiliensauce. (Zu gekochtem Rindfleisch).

Zeitdauer der Bereitung ¾ Stunde.

4. Sauer und süße Sauce zu gekochten Klopsen für 3 Personen.

17 Gramm (1 gestrichener Eßlöffel) Butter . . .	4	Pf.
20 Gramm (2 gestrichene Eßlöffel) Weizenmehl. .	³/₅	„
¼ Liter Klopswasser	—	„
1 kleine Zwiebel und 1 Messerspitze Pfeffer . . .	½	„
12 Gramm (1 gestrichener Eßlöffel) Zucker . . .	³/₅	„
2 Eßlöffel Essig oder Citronensaft	2	„
	7⁷/₁₀	Pf.

Wie Petersiliensauce.

Man kann die fertige Sauce mit 1 Eigelb, welches man mit 1 Eßlöffel Sahne verklopft, abziehn. Siehe Seite 27 Nr. 9.

Zeitdauer der Bereitung ½ Stunde.

5. Sauce zu gefülltem Kohlkopf, Spargel oder Blumenkohl für 3 Personen.

17 Gramm (1 gestrichener Eßlöffel) Butter . . .	4	Pf.
20 Gramm (2 gestrichene Eßlöffel) Weizenmehl . .	3/5	„
1/8 Liter Gemüsewasser	—	„
1/8 Liter süße Sahne	7 1/2	„
1/2 Theelöffel Zucker	1/10	„
1 Messerspitze Muskatnuß	1/2	„
Salz nach Geschmack	1/10	„
	12 4/5	Pf.

Wie Petersiliensauce.

Man kann die Sauce mit einem Eigelb abziehn. Siehe Seite 27 Nr. 9.

Zeitdauer der Bereitung 1/2 Stunde.

6. Bechamelle oder Schinkensauce für 5—6 Personen.

51 Gramm (3 gestrichene Eßlöffel) Butter	12	Pf.
1 große Zwiebel in Würfel	1	„
1/8 Pfund rohen Schinken in Würfel	20	„
20 Gramm (2 gestrichene Eßlöffel) Weizenmehl .	3/5	„
1/4 Liter Wasser	—	„
1/4 Liter Sahne	15	„
1 Messerspitze Pfeffer und Salz	1/5	„
	48 4/5	Pf.

Butter, Zwiebel und Schinken werden etwa 5 Minuten geschwitzt, dann wird das Mehl hinzugeschüttet und glatt gerührt. Wasser und Sahne werden unter Rühren langsam hinzugegossen und die Sauce bündig gekocht. Zuletzt wird sie mit Pfeffer und Salz abgeschmeckt.

Zeitdauer der Bereitung 3/4 Stunde.

7. Sauer und süße Sauce zu Erbsen, Bohnen oder Linsen für 3—4 Personen.

10 Gramm geräucherter Speck in Würfel oder	
34 Gramm (2 gestrichene Eßlöffel) Butter	8 Pf.
20 Gramm (2 gestrichene Eßlöffel) Weizenmehl	3/5 „
1/4 Liter Wasser	— „
24 Gramm (2 gestrichene Eßlöffel) Zucker	1 1/2 „
1 Eßlöffel Essig	2/5 „
1 Messerspitze Pfeffer	1/10 „
Salz nach Geschmack	1/10 „
	10 4/10 Pf.

Der Speck wird auf schwachem Feuer hellbraun ausgebraten (oder die Butter wird still und braun gemacht) und mit dem Mehl so lange gerührt, bis letzteres kastanienbraun ist, dann wird das Wasser langsam hinzu gegossen und die Sauce glatt gerührt, mit Pfeffer, Salz, Essig und Zucker abgeschmeckt und bündig gekocht.

Zeitdauer der Bereitung 3/4 Stunden.

8. Braune Mostrichsauce für 3—4 Personen.

34 Gramm (2 gestrichene Eßlöffel) Butter	8 Pf.
1 Theelöffel (6 Gramm) Zucker	3/10 „
1 große Zwiebel in Würfel	1 „
20 Gramm (2 gestrichene Eßlöffel) Mehl	3/5 „
1/4 Liter Wasser	— „
5 Gramm (1 gestrichener Theelöffel) Salz	1/10 „
1 Messerspitze Pfeffer	1/10 „
1 Theelöfel Mostrich	2 „
1 Theelöffel Essig oder Citronensaft	1/10 „
	12 1/5 Pf.

Butter und Zucker werden gebräunt und 1 Zwiebel in Würfel wird hinzugeschüttet, hellbraun gebraten und mit dem

Mehl solange gerührt, bis letzteres kastanienbraun ist. Dann wird ¼ Liter Wasser langsam unter Rühren hinzugegossen und die Sauce bündig gekocht. Sie wird mit Essig, Mostrich, Salz und Pfeffer abgeschmeckt und angerichtet. (Zu gekochtem Rindfleisch oder Fischen.

Zeitdauer der Bereitung ½ Stunde.

9. Fruchtsauce für 3—4 Personen.

⅛ Liter Fruchtsaft (süßer)	20 Pf.
⅛ Liter Wasser	— „
Zum Anrühren 6 Gramm (1 gestrichener Theelöffel) Kartoffelmehl	1/10 „
	20 1/10 Pf.

⅛ Liter Wasser wird aufgekocht. Das Kartoffelmehl wird mit dem Saft verrührt, in die kochende Flüssigkeit gegossen und klar gekocht.

Zeitdauer der Bereitung ¼ Stunde.

10. Schaumsauce für 4 Personen.

2 Eier	12 Pf.
84 Gramm (7 gestrichene Eßlöffel) Zucker	5 „
½ abgeriebene Citronenschale	2½ „
Saft von einer Citrone und soviel Wasser, daß die Flüssigkeit 9 Eßlöffel beträgt	5 „
	24½ Pf.

Eier, Zucker und abgeriebene Citronenschale werden schaumig gerührt, mit der Flüssigkeit vermischt und auf schwachem Feuer mit dem Schneebesen so lange geschlagen, bis sich alles in Schaum verwandelt hat und sich keine Flüssigkeit am Boden des Topfes absetzt.

Zeitdauer der Bereitung ½ Stunde.

11. Vanillensauce I. für 3—4 Personen.

¹/₄ Liter Sahne oder Milch	15 Pf.
¹/₂ kleine Schote Vanille	5 „
2 Eigelb	12 „
48 Gramm (4 gestrichene Eßlöffel) Zucker	3 „
	35 Pf.

Die Sahne wird mit der gespaltenen Vanille einmal aufgekocht. Eigelb und Zucker werden schaumig gerührt, mit der kochenden Milch bebrüht und auf schwachem Feuer dicklich gerührt ohne zu kochen. Will man die Sauce erkalten lassen, so muß sie öfter umgerührt werden, damit sich keine Haut bildet.

Zeitdauer der Bereitung, wenn die Sauce kalt sein soll, 3 Stunden.

12. Vanillensauce II.

Man läßt die Eier fort und rührt die Sauce nur mit 1 Theelöffel Kartoffelmehl an.

Zeitdauer der Bereitung, wenn die Sauce kalt sein soll, 3 Stunden.

Kartoffelspeisen.

Kartoffel werden stets mit kaltem Wasser aufgesetzt.

1. Pellkartoffeln für 4 Personen.

1 Liter gleich große Kartoffeln	5	Pf
10 Gramm (1 gestrichener Eßlöffel) Salz	1/5	„
Wasser soviel, daß es 4 Finger breit übersteht . .	—	„
	5 1/5	Pf

Die Kartoffeln werden sauber abgewaschen und mit Wasser und Salz weichgekocht, dann abgegossen, abgedampft und angerichtet.

Zeitdauer der Bereitung 1/2 Stunden.

2. Geschälte Kartoffeln für 3—4 Personen.

1 Liter Kartoffeln	5	Pf.
10 Gramm (1 gestrichener Eßlöffel) Salz	1/5	„
Wasser soviel, daß es 4 Finger breit übersteht . .	—	
	5 1/5	Pf.

Die Kartoffeln werden geschält und in kaltes Wasser gelegt, damit sie nicht braun werden. Dann werden sie gleichmäßig groß geschnitten und wie Pellkartoffeln gargekocht.

Zeitdauer der Bereitung 3/4 Stunden.

3. Petersilienkartoffeln für 3—4 Personen.

3/4 Liter gekochte Kartoffeln	4	Pf.
1/4 Liter fertige Petersiliensauce	11 1/10	„
	15 1/10	Pf.

Die Kartoffeln werden in Scheiben geschnitten und mit der fertigen Petersiliensauce gemischt.

Zeitdauer der Bereitung 1/2 Stunde.

4. Schinkenkartoffeln für 3—4 Personen.

³/₄ Liter gekochte Kartoffeln	4	Pf.
½ Portion fertige Schinkensauce, Seite 18 . . .	24²/₅	„
	28²/₅	Pf.

Wie Petersilienkartoffeln.

Schinkenkartoffeln kann man auch in einer Form, mit Reibbrod bestreut und mit Butter beträufelt, in etwa 20 Minuten im Ofen braun backen.

Zeitdauer der Bereitung 1 Stunde.

5. Sauer und süße Kartoffeln für 3—4 Personen.

³/₄ Liter gekochte Kartoffeln	4	Pf.
¼ Liter fertige braune sauer und süße Sauce, Seite 19	8³/₅	„
	12³/₅	Pf.

Wie Petersilienkartoffeln.

Zeitdauer der Bereitung ³/₄ Stunde.

6. Kartoffelbrei für 3—4 Personen.

1 Liter Kartoffeln, etwa 18 mittelgroße Kartoffeln	5	Pf.
Wasser zum Weichkochen	—	„
10 Gramm (1 gestrichener Eßlöffel) Salz	⅕	„
¼ Liter Milch (knapp)	4	„
1 Theelöffel Salz	¹/₁₀	„
1 Theelöffel Butter	2	„
	11³/₁₀	Pf.

Die Kartoffeln werden geschält und mit 10 Gramm Salz und Wasser weichgekocht, dann abgedampft, ganz fein zerstampft und mit ¼ Liter Milch, 1 Theelöffel Butter und Salz vermischt und auf dem Feuer heiß und dick gerührt.

Zeitdauer der Bereitung 1 Stunde.

7. Bratkartoffeln für 3—4 Personen.

1 Liter gekochte Kartoffeln	5 Pf.
5 Gramm (1 gestrichener Theelöffel) Salz. . . .	1/10 „
51 Gramm (3 gestrichene Eßlöffel) Butter oder Fett	12 „
1 kleine Zwiebel in Würfel (kann auch fortbleiben)	1/2 „
	17 3/5 Pf.

Das Fett wird still und dampfend, oder die Butter still und braun gemacht. Die Kartoffeln werden in Scheiben geschnitten, mit Salz bestreut und mit der Zwiebel zusammen in Butter oder Fett braun gebraten.

Zeitdauer der Bereitung 1/2 Stunde.

8. Klappern für 3—4 Personen.

1 Liter Kartoffeln . . . .   5 Pf.

1 Liter gleich große Kartoffeln werden sauber abgewaschen und etwa 1 Stunde in den heißen Bratofen gelegt. Man giebt frische Butter dazu.

Zeitdauer der Bereitung 1 Stunde.

9. Prinzeßkartoffeln für 3—4 Personen.

1 Hering	10 Pf.
1 Liter Kartoffeln.	5 „
68 Gramm (4 gestrichene Eßlöffel) Butter.	16 „
	31 Pf.

Der am Tage vorher eingewässerte Hering wird ausgenommen, abgezogen, entgrätet und in kleine Würfel geschnitten. Die Kartoffeln werden in der Schale abgekocht und in Scheiben geschnitten. In eine flache, mit Butter ausgestrichene Blechform werden Kartoffeln und Hering schichtweise hineingethan, doch so, daß die oberste Schicht aus Kartoffeln besteht. Die übrige Butter wird geschmolzen und herüber gegossen; dann wird die Speise im Ofen in etwa 20 Minuten braun gebacken.

Zeitdauer der Bereitung 1 Stunde.

Eier.

Frische Eier sind, wenn man sie in der Hand wiegt, schwer, frische Eier sind, wenn man sie gegen das Licht hält, klar und frische Eier dürfen, wenn man sie schüttelt nicht hohl klingen.

1. Weiche Eier für 2—4 Personen.

4 Eier	24 Pf.
1 Liter Wasser	— „
	24 Pf.

Die Eier werden in das kochende Wasser gelegt und drei Minuten darin gekocht. Man giebt frische Butter und Salz dazu.

2. Pflaumenweiche Eier

werden 5 Minuten gekocht. Sollen gekochte Eier geschält werden, so müssen sie einen Augenblick, gleich nach dem Kochen, in kaltes Wasser kommen.

3. Harte Eier

werden 10 Minuten gekocht.

4. Sooleier für 2—4 Personen.

4 Eier (hartgekocht)	24 Pf.
10 Gramm (1 gestrichener Eßlöffel) Salz	$1/5$ „
1 Liter Wasser	— „
	$24 1/5$ Pf.

Wasser und Salz werden aufgekocht und abgekühlt. Die Eier knickt man ein und legt sie in das kalte Salzwasser. Sie halten sich darin 8 Tage. Man kann die Eier auch in erkaltete Schinkenbrühe legen.

5. Rührei für 2—3 Personen.

4 Eier	24
2 Eßlöffel Sahne oder Milch	2
1 knapper Theelöffel Salz	1/10
1 Theelöffel Butter (kann auch fortbleiben) . . .	2
1 Theelöffel gehackte grüne Petersilie oder Schnitt= lauch	1
	29 1/10 ₰

Die Eier werden mit Milch, Salz und einer Messerspi[tze] Pfeffer tüchtig verklopft, in die geschmolzene Butter geschütt[et] und auf schwachem Feuer so lange hin und her gerührt, b[is] sich alles in einen flüssigen Brei verwandelt hat. Beim A[n]richten wird das Rührei mit gehackter Petersilie oder Schnit[t]lauch bestreut.

Zeitdauer der Bereitung 10 Minuten.

6. Setzeier für 2—4 Personen.

4 Eier	24	₰
9 Gramm Butter (1/2 gestrichener Eßlöffel) . . .	2	"
1/2 Theelöffel Salz und 1/2 Messerspitze Pfeffer .	1/10	"
	26 1/10 ₰	

Die Eier werden in die geschmolzene oder auch etwa[s] gebräunte Butter hineingeschlagen. Sie sind gut, wenn da[s] Eiweiß geronnen und das Eigelb von einer durchsichtigen Hau[t] überzogen ist. Angerichtet werden sie mit Pfeffer und Sal[z] bestreut. Macht man Eier in einer Setzeierpfanne, so brauch[t] man zu jedem Ei eine Messerspitze Butter. In nicht gebrauch[te] Löcher wird etwas Wasser gegossen, weil sonst die Email[le] ausplatzt.

Zeitdauer der Bereitung 5 Minuten.

7. Eierstich für 2—3 Personen.

1 Ei	6	Pf.
2 Eßlöffel Milch, Sahne oder Bouillon	1/2	"
1 Messerspitze Salz und 1 Prise Muskatnuß	1/2	"
1/4 Theelöffel Butter zum Ausstreichen der Form	1/2	"
	7 1/2	Pf.

Das Ei wird mit Milch, Salz und einer Prise Muskatnuß tüchtig verklopft und in eine mit Butter ausgepinselte Obertasse gegossen. Diese wird in schwach kochendes Wasser gesetzt und muß in demselben so lange stehen bleiben, bis die ganze Masse steif geronnen ist. Dann wird der Eierstich gestürzt, in Stücke geschnitten und in die fertige Fleischsuppe gethan.

Zeitdauer der Bereitung, wenn das Wasser kocht, 1/2 Stunde.

8. Falleier.

Ein bis zwei Eier werden in einen Topf mit nicht zu stark kochendem Wasser geschlagen und 1 Minute in demselben gekocht. Die Eier müssen sehr frisch sein, sonst laufen sie auseinander. Man legt die fertigen Eier sogleich in die Suppenschüssel und füllt die Suppe herüber.

9. Das Abziehen von Saucen und Suppen mit Eigelb.

Das Eigelb wird, nachdem das weiße Häutchen, welches sich oben und unten an demselben befindet, entfernt ist, mit einem Eßlöffel kalter Flüssigkeit (Milch, Sahne oder Wasser) verklopft und an die fertige Sauce oder Suppe gethan. Letztere dürfen dann nicht mehr kochen, weil sonst das Ei gerinnt.

Nudeln.

1. Nudeln für 3—4 Personen.

60 Gramm (6 gestrichene Eßlöffel) Weizenmehl . .	1⁴/₅ Pf.
1 Messerspitze Salz und 1 Ei	6 „
40 Gramm (4 gestrichene Eßlöffel) zum Zwischen= streuen	1¹/₅ „
	9 Pf.

60 Gramm Mehl, Ei und Salz werden auf einem Holz=brett, zuerst mit einem Messer, später mit den Händen solange zu einem Teig geknetet, bis ein Loch, welches man mit dem Finger hinein macht, sich von selbst wieder füllt. Der Teig wird jetzt auf dem mit Mehl bestreuten Brett mit der Nudelrolle messerrückendick ausgerollt, mit Mehl bestreut und mehrmals zu=sammengeklappt, indem immer wieder Mehl zwischen gestreut wird, damit der Teig nicht zusammenklebt, und in feine Streifen geschnitten. (Nudeln kann man trocknen und in einer Papier=düte aufheben, wenn man sie nicht gleich verbrauchen will.)

Zeitdauer der Bereitung ½ Stunde.

2. Dicke Nudeln mit Zucker und Zimmt für 3—4 Personen.

Nudeln von 1 Ei	9 Pf.
1 Liter frische Milch	14 „
5 Gramm (1 gestrichener Theelöffel) Salz	¹/₁₀ „
48 Gramm (4 gestrichene Eßlöffel) Zucker und 1 Theelöffel Zimmt	3 „
34 Gramm (2 gestrichene Eßlöffel) Butter zu brauner Butter	8 „

Milch und Salz werden aufgekocht. Die Nudeln werden in die kochende Milch geschüttet und so lange gerührt, bis sie dick sind. Angerichtet, bestreut man sie mit Zucker und Zimmt und gießt braune Butter herüber.

Zeitdauer der Bereitung 1 Stunde.

3. Mohnnudeln für 3—4 Personen.

Die fertig gekochten Nudeln werden mit ¹/₄ Liter präpariertem, geriebenen Mohn vermischt, mit Zucker und Zimmt bestreut und mit brauner Butter begossen.

Zeitdauer der Bereitung 1 Stunde.

Nudeln werden stets in einem offenen Topf gekocht und stets in die kochende Flüssigkeit gestreut.

Maccaroni.

1. Maccaroni statt Kartoffeln zum Braten für 3—4 Personen.

¼ Pfund Maccaroni	12½ Pf.
1½ Liter kochendes Wasser	— „
10 Gramm Salz (1 gestrichener Eßlöffel) . . .	⅕ „
17 Gramm Butter (1 gestrichener Eßlöffel) . .	4 „
	16⁷⁄₁₀ Pf.

Die Maccaroni werden in fingerlange Stücke gebrochen und in kochendem Salzwasser in etwa ¾ Stunden weich gekocht, auf einem Sieb abgetropft und mit Butter durchgeschwenkt.

Zeitdauer der Bereitung 1 Stunde.

Maccaroni werden stets in einem offenen Topf gekocht.

2. Maccaroni mit Schinken oder Bechamellesauce im Ofen gebacken für 4—5 Personen.

½ Pfund Maccaroni	25 Pf.
2 Liter Wasser und 15 Gramm Salz (1½ gestrichene Eßlöffel zum Kochen derselben)	— „
1 Portion Schinkensauce (Seite 18)	35¹⁄₁₀ „
2 Eßlöffel geriebener Parmesankäse	8 „
17 Gramm (1 gestrichener Eßlöffel) Butter . . .	4 „
	72¹⁄₁₀ Pf.

Die weichgekochten Maccaroni werden mit der fertigen Schinkensauce gemischt und in eine flache Form geschüttet, dann mit Parmesankäse bestreut, mit Butter beträufelt und in ½ Stunde im Bratofen braun gebacken.

Zeitdauer der Bereitung 2 Stunden.

Klöße.

Alle Klöße werden in kochendem Salzwasser in einem offenen Topf gekocht. Sie sind gar wenn sie oben schwimmen und an einem Hölzchen, mit dem man hineinsticht, nichts kleben bleibt, sie werden mit einem Schaumlöffel aus dem Kochwasser herausgenommen.

1. Gewöhnliche Mehlklöße für 3—4 Personen.

¼ Liter Mehl...............	4	Pf.
1 Ei...................	6	„
5 Gramm (1 gestrichener Theelöffel) Salz....	¹⁄₁₀	„
⅛ Liter Milch...............	2	„
Zum Kochen der Klöße 1½ Liter Wasser und 10 Gramm (1 gestrichener Eßlöffel) Salz	⅕	„
	12³⁄₁₀	Pf.

Man schüttet Mehl und Salz in eine Schüssel und macht in der Mitte desselben ein Loch, schlägt ein Ei hinein, gießt von der Mitte aus rührend die Milch hinzu und klopft den Teig mit einem Löffel, bis er von demselben los läßt. Wenn Wasser und Salz kochen, taucht man einen Blechlöffel in das kochende Wasser und sticht mit diesem Klöße ab, welche in ungefähr 5 Minuten gar sein werden. Der Löffel muß immer wieder naß gemacht werden, weil sonst der Teig an ihm kleben bleiben würde.

Zeitdauer der Bereitung ¾ Stunde.

2. Apfelklöße für 3—4 Personen.

¼ Liter Mehl...............	4	Pf.
1 Ei...................	6	„
5 Gramm (1 gestrichener Theelöffel) Salz....	¹⁄₁₀	„
⅛ Liter Milch...............	2	„
2 Äpfel	5	„
Zum Kochen der Klöße: 1½ Liter Wasser...	—	„
und 10 Gramm (1 gestrichener Eßlöffel) Salz..	⅕	„
48 Gramm (4 gestrichene Eßlöffel) Zucker....	2½	„
1 Theelöffel Zimmt.............	⅕	„
34 Gramm (2 gestrichene Eßlöffel) Butter...	8	„
	28	Pf.

2 geschälte und in Würfel geschnittene Äpfel werden mit dem fertigen Kloßteig vermischt. Die Klöße werden in Salzwasser gargekocht, mit Zucker und Zimmt bestreut und mit brauner Butter begossen.

Zeitdauer der Bereitung ¾ Stunden.

3. Speckklöße für 3—4 Personen.

40 Gramm Speck wird in kleine Würfel geschnitten und ausgebraten. ½ Bröbchen wird in kleine Würfel geschnitten und in dem ausgebratenen Speck gebräunt. Beides kommt dann statt der Äpfel in den Teig.

Gut zu Backobst.

4. Kartoffelklöße für 3—4 Personen.

1 Liter Kartoffeln	5	Pf.
60 Gramm (6 gestrichene Eßlöffel) Weizenmehl . .	1⅘	,,
1 Ei	6	,,
10 Gramm (1 gestrichener Eßlöffel) Salz	⅕	,,
1 Bröbchen	2	,,
34 Gramm (2 gestrichene Eßlöffel) Butter	8	,,
Zum Kochen derselben: 2 Liter Wasser	—	,,
und 10 Gramm (1 gestrichener Eßlöffel) Salz . .	⅕	,,
	23⅕	Pf.

1 Liter Kartoffeln wird geschält, weichgekocht, abgedampft, fein zerstampft und mit Mehl, Ei und Salz vermischt. 1 Bröbchen wird in Würfel geschnitten, in 34 Gramm Butter gebräunt, in den Teig geschüttet und ordentlich mit demselben vermischt. Nun werden mit den Händen eigroße Klöße geformt, welche man in Salzwasser garkocht. Beim Formen drückt man die Bröckchen in das Innere der Klöße hinein. Man giebt braune Butter dazu oder giebt sie zu Backobst.

Zeitdauer der Bereitung 1 Stunde.

5. Grießklöße für 3—4 Personen.

½ Liter Milch	7 Pf.
36 Gramm (3 gestrichene Eßlöffel) Zucker . . .	2½ ,,
17 Gramm (1 gestrichener Eßlöffel) Butter . . .	4 ,,
12 gestoßene bittere Mandeln	3 ,,
5 Gramm (1 gestrichener Theelöffel) Salz . . .	1/10 ,,
½ Pfund Gries	10 ,,
2 Eier	12 ,,
Zum Kochen der Klöße 1½ Liter Wasser und 10 Gramm (1 gestrichener Eßlöffel) Salz	1/5 ,,
	38 4/5 Pf.

Milch, Zucker, Butter, Salz und bittere Mandeln werden aufgekocht. Der Gries wird in die kochende Milch hineingestreut und so lange gerührt, bis die ganze Masse als glatter Kloß vom Topfe losläßt; dann wird sie vom Feuer genommen und mit 2 Eiern verrührt. Die Klöße werden mit einem Löffel abgestochen und in kochendem Salzwasser gar gekocht. Man giebt sie zu frischem geschmorten Obst oder Backobst.

Zeitdauer der Bereitung 1 Stunde.

6. Schwemmklöße für 3—4 Personen.

40 Gramm (4 gestrichene Eßlöffel) Weizenmehl . .	1 1/5 Pf.
3 Eßlöffel Wasser	— ,,
1 Messerspitze Salz	— ,,
6 Gramm (1 gestrichener Theelöffel) Zucker . . .	1/5 ,,
17 Gramm (1 gestrichener Eßlöffel) Butter . . .	4 ,,
1 kleines Ei	6 ,,
	11 2/5 Pf.

Die Butter wird geschmolzen und mit dem Mehl, welches in kaltem Wasser verrührt wurde, Salz und Zucker auf dem Feuer so lange gerührt, bis die Masse als glatter Kloß vom Topf losläßt, dann wird dieser vom Feuer genommen und noch heiß mit 1 Ei vermischt. Die Klöße werden mit einem Theelöffel abgestochen und in kochender Suppe oder Salzwasser gar gekocht. Man giebt sie gern zu Obst oder Fleischsuppen.

Zeitdauer der Bereitung 1 Stunde.

7. Semmelklöße für 2—4 Personen.

1 Bröbchen	2	Pf.
Wasser zum Einweichen	—	„
34 Gramm (2 gestrichene Eßlöffel) Butter	8	„
5 Gramm (1 gestrichener Theelöffel) Salz	1/10	„
1/2 abgeriebene Citronenschale	2 1/2	„
30 Gramm (3 gestrichene Eßlöffel) geriebene Semmel	9/10	„
15 Gramm (1 1/2 Eßlöffel) Weizenmehl	1/2	„
24 Gramm (2 gestrichene Eßlöffel) Zucker	2	„
6 bittere Mandeln	1	„
2 Eier	12	„
Zum Kochen der Klöße 1 Liter Wasser, 10 Gramm (1 gestrichener Eßlöffel) Salz	1/5	„
	20 1/5	Pf

1 eingeweichtes, ausgedrücktes Bröbchen wird mit der geriebenen Semmel, dem Mehl, Zucker und Gewürzen vermischt und mit der Butter zu einem Kloß abgebacken. Siehe Schwemmklöße. Der etwas abgekühlte Kloß wird dann mit 2 Eiern vermischt. In kochendem Salzwasser werden die Klöße gar gekocht. Man giebt sie zu Obstsuppen oder Backobst.

Zeitdauer der Bereitung 1 Stunde.

8. Fleischklößchen für 3—4 Personen.

1/2 Portion Klopsteich wird zu Wallnuß großen Klößen geformt und in der Suppe gar gekocht. Man giebt sie zu weißer gebundener Suppe (Seite 15).

9. Schneeklöße für 3—4 Personen.

Siehe Schneeklöße zu Milchkaltschale (Seite 15).

Flinzen.

1. Dicke Flinzen für 2—3 Personen.

¼ Liter Mehl	4	Pf.
1 Ei	6	„
5 Gramm (1 gestrichener Theelöffel) Salz	¹/₁₀	„
¼ Liter Milch	4	„
34 Gramm (2 gestrichene Eßlöffel) Fett	3	„
24 Gramm (2 gestrichene Eßlöffel) Zucker	1½	„
	18³/₅ Pf.	

In das Weizenmehl wird ein Loch gemacht und 1 Eigelb hinein geschlagen. Unter beständigem Rühren wird jetzt die Milch hinzu gegossen, der Teig gesalzen und glatt gerührt. Kurz vor dem Backen wird das Eiweiß zu Schnee geschlagen und in den Teig gethan. Ein Theelöffel Fett wird jetzt in der Flinzenpfanne still und dampfend gemacht, 2 Holzlöffel Teig hinein geschüttet und die Flinze von beiden Seiten braun gebacken und mit Zucker bestreut.

Zeitdauer der Bereitung ¾ Stunde.

2. Dünne Flinzen für 2—3 Personen.

⅛ Liter Mehl	2	Pf.
2 Eier	12	„
¼ Liter Milch	4	„
5 Gramm (1 gestrichener Theelöffel) Salz	¹/₁₀	„
17 Gramm (1 gestrichener Eßlöffel) Fett und 1 Speckschwarte zum Backen	2	„
24 Gramm (2 gestrichene Eßlöffel) Zucker	1½	„
	21³/₅ Pf.	

Eingerührt wird der Teig wie zu dicken Flinzen. Zum Backen wird das Fett in einem kleinen Gefäß geschmolzen.

Die heiße Flinzenpfanne wird mit der auf eine Gabel gestochene Speckschwarte, welche vorher in das geschmolzene Fett getaucht wurde, ausgerieben. Nachdem man die Pfanne vom Feuer genommen hat, läßt man schnell einen Holzlöffel Teig über dieselbe laufen und backt die Flinze auf nicht zu starkem Feuer auf einer Seite braun; rollt sie mit einer Gabel auf und richtet die Flinzen auf einer länglichen Schüssel an.

Zeitdauer der Bereitung ¾ Stunde.

3. Kartoffelflinzen für 3—4 Personen.

1 Liter Kartoffeln	5 Pf.
5 Gramm (1 gestrichener Theelöffel) Salz	¹/₁₀ „
1 Ei	6 „
68 Gramm (4 gestrichene Eßlöffel) Fett	5 „
	16¹/₁₀ Pf.

Die Kartoffeln werden geschält (in kaltes Wasser gelegt, damit sie nicht braun werden) gerieben und mit Eigelb und Salz vermischt. Kurz vor dem Backen kommt der Eischnee in den Teig. Das Fett muß zum Backen still und dampfend sein. Die Flinzen werden mit einem Holzlöffel in dasselbe hineingelegt und etwas auseinander gedrückt. 3—4 können immer auf einmal gebacken werden. Die Flinzen müssen in reichlichem Fett gebacken werden.

Zeitdauer der Bereitung 1 Stunde.

4. Eierkuchen für 2—3 Personen.

4 Eier	24 Pf.
2 Eßlöffel Milch oder Wasser	1 „
40 Gramm geräucherter Speck	7 „
	32 Pf.

Die Eier werden mit 2 Eßlöffeln Milch oder Wasser tüchtig verklopft. Der Speck wird in Würfel geschnitten und auf schwachem Feuer in der Flinzenpfanne hellbraun gebraten. Die verklopften Eier werden nun in den ausgebratenen Speck geschüttet und der Eierkuchen von beiden Seiten braun gebacken.

Zeitdauer der Bereitung ½ Stunde.

5. Apfelflinzen für 2—3 Personen.

2 Äpfel	10	Pf.
12 Gramm (1 gestrichener Eßlöffel) Zucker zum Bezuckern der Scheiben	1/2	Pf.
80 Gramm (8 gestrichene Eßlöffel) Weizenmehl	2 2/5	„
1 Ei	6	„
1/8 Liter Milch	2	„
1 Messerspitze Salz	—	„
68 Gramm (4 gestrichene Eßlöffel) Fett	5	„
24 Gramm (2 gestrichene Eßlöffel) Zucker zum Bestreuen	1 1/2	„
	27 2/5	Pf.

2 Äpfel werden geschält, in Scheiben geschnitten und mit 12 Gramm Zucker bestreut. Aus Mehl, 1 Ei, 1 Messerspitze Salz und 1/8 Liter Milch wird ein Teig, wie zu Flinzen gerührt und die Apfelscheiben mit dem Teig vermischt. Nachdem in der Flinzenpfanne das Fett still und dampfend gemacht ist, legt man mit einem Holzlöffel immer eine Apfelscheibe und etwas Teig in die Pfanne und backt die Flinzen von beiden Seiten braun. 3—4 können immer auf einmal gebacken werden.

Zeitdauer der Bereitung 1 Stunde.

6. Buttermilchflinzen für 3—4 Personen.

1/2 Liter Mehl	8	Pf.
1/4 Liter Buttermilch	3	„
1/2 Theelöffel Salz	—	„
und 1 gestrichener Theelöffel doppelt kohlensaures Natron	1/5	„
12 Gramm (1 gestrichener Eßlöffel) Zucker ...	1	„
68 Gramm (4 gestrichene Eßlöffel) Fett (zum Backen)	5	„
24 Gramm (2 gestr. Eßlöffel) Zucker (zum Bestreuen)	2	„
	19 1/5	Pf.

Alle Zuthaten werden zu einem glatten Flinzenteige zusammengerührt. Wenn das Fett still und dampfend ist werden mit 1 Holzlöffel kleine Flinzen hinein gelegt und von beiden

Seiten braun gebacken. Sie sind gar, wenn man mit einem Hölzchen hineinsticht und nichts an demselben kleben bleibt. Angerichtet bestreut man sie mit Zucker und giebt Kompot dazu.

Zeitdauer der Bereitung ¾ Stunde.

7. Omelette für 2—3 Personen.

2 Eier	12 Pf.
48 Gramm (4 gestrichene Eßlöffel) Zucker	3 ,,
1 Prise Salz	— ,,
und ¼ abgeriebene Citronenschale	1 ,,
1 Theelöffel Butter zum Backen	2 ,,
	18 Pf.

Eigelb, Zucker und Gewürze werden schaumig gerührt und mit dem steifen Eischnee vermischt. Nachdem 1 Theelöffel Butter in der Flinzenpfanne geschmolzen ist, wird der Teig hineingeschüttet und auf schwachem Feuer auf einer Seite braun gebacken. Dann läßt man das halbe Omelette auf eine längliche Schüssel gleiten und klappt die andere Hälfte herüber.

Süße Speisen.

1. Milchreis für 3—4 Personen.

¼ Pfund (¾ Obertasse) Reis	5 Pf.
Wasser zum Abwellen, daß es 3 Finger breit übersteht	— ,,
½ Liter Milch	7 ,,
8 gestoßene bittere Mandeln	3 ,,
5 Gramm (1 gestrichener Theelöffel) Salz . . .	¹/₁₀ ,,
48 Gramm (4 gestrichene Eßlöffel) Zucker . . .	3 ,,
1 Theelöffel Zimmt	½ ,,
34 Gramm (2 gestrichene Eßlöffel) Butter (zu brauner Butter)	8 ,,
	26³/₅ Pf.

Der Reis wird einmal abgewellt, (d. h. in einem offenen Topf mit Wasser aufgekocht) dann abgegossen und in einem geschlossenen Topf mit Milch und Salz weich und dick ausgequollen. — Angerichtet bestreut man ihn mit Zucker und Zimmt und gießt braune Butter herüber.

Zeitdauer der Bereitung 1 Stunde.

2. Griesbrei für 3—4 Personen.

1 Liter Milch	14 Pf.
1 Stückchen Citronenschale	2 ,,
1 Messerspitze Salz und 8 gestoßene bittere Mandeln und ¼ Pfund Gries	8 ,,
48 Gramm (4 gestrichene Eßlöffel) Zucker . . .	3 ,,
1 Theelöffel Zimmt	½ ,,
34 Gramm (2 gestrichene Eßlöffel) Butter (zu brauner Butter)	8 ,,
	35½ Pf.

Der Gries wird in die kochende Milch gestreut und mit Citronenschale, bittern Mandeln und einer Messerspitze Salz unter beständigem Rühren zu einem dicken Brei gekocht. Angerichtet wird dieser mit Zucker und Zimmt bestreut und mit brauner Butter begossen.

Zeitdauer der Bereitung ½ Stunde.

3. Reispudding für 2—3 Personen.

64 Gramm (4 gestrichene Eßlöffel) Reis	2½ Pf.
Wasser zum Abwellen, daß es 3 Finger breit übersteht	— „
⅛ Liter Milch zum Ausquellen	2 „
34 Gramm (2 gestrichene Eßlöffel) Butter . . .	8 „
2 Eier	12 „
60 Gramm (5 gestrichene Eßlöffel) Zucker . . .	4 „
6 bittere Mandeln feingestoßen und ¼ abgeriebene Citronenschale	3 „
1 Theelöffel Butter zum Form ausstreichen . . .	— „
10 Gramm (1 gestrichener Eßlöffel) Reibbrod zum Ausstreuen	3/10 „
	31⅘ Pf.

Der Reis wird mit kaltem Wasser in einem offenen Topf zum Kochen gebracht, dann abgegossen und mit ⅛ Liter Milch und 34 Gramm Butter in einem geschlossenen Topf dick ausgequollen, vom Feuer genommen und etwas abgekühlt. 2 Eigelb werden mit Zucker und Gewürzen schaumig gerührt, mit dem abgekühlten Reis und zuletzt mit dem Schnee von 2 Eiern vermischt. Eine Form wird, bevor der Eischnee in die Speise kommt, mit Butter ausgestrichen und mit Reibbrod ausgestreut. Dann wird die Speise hineingefüllt und 1 Stunde au bain marí, d. h. in heißem Wasser gekocht oder ½ Stunde im Ofen gebacken.

Zeitdauer der Bereitung 1¾—2½ Stunden.

Beim Kochen des Puddings hat man darauf zu achten, daß ¾ der Form in kochendem Wasser steht und daß der Topf, in welchem der Pudding gekocht wird, am besten mit einer Schüssel fest verschlossen wird. Kochendes Wasser muß während des Kochens nach Bedarf nachgefüllt werden. Sollte die Form im Wasser schwimmen, so hat man sie mit 1 Bolzen oder Herdring zu beschweren, damit sie feststeht. Kein Pudding darf, sobald der Eischnee darin ist, stehen, sondern muß sofort gekocht oder gebacken werden. Auf die doppelte Portion Pudding rechnet man 1½ Stunden Kochzeit, auf die dreifache Portion 2 Stunden und so fort. Kocht man einen Pudding auf Dampf, so hat man darauf zn achten, daß die Dampf-Puddingform genau auf den Topf paßt, in welchem sich das kochende Wasser befindet.

4. Nudelmehlspeise für 3—4 Personen.

Nudeln von 1 Ei wie zu dicken Nudeln (Seite 28)	9	Pf.
Zum Weichkochen 1 Liter Milch	14	„
34 Gramm (2 gestrichene Eßlöffel) Butter	8	„
2 Eier	12	„
24 Gramm (2 gestrichene Eßlöffel) Zucker	1½	„
8 gestoßene bittere Mandeln	2	„
½ abgeriebene Citronenschale	2½	„
1 Theelöffel Butter zum Formausstreichen	2	„
10 Gramm (1 gestr. Eßlöffel) Reibbrod z. Ausstreuen	3/10	„
12 Gramm (1 gestr. Eßlöffel) Zucker zum Bestreuen	1	„
	52 3/10 Pf.	

Die Nudeln werden in die kochende Milch gestreut, mit 34 Gramm Butter zusammen unter Rühren dick eingekocht, vom Feuer genommen und etwas abgekühlt. Die Form wird mit Butter ausgestrichen. Eigelb, Zucker und Gewürze werden schaumig gerührt, mit den fertig gekochten Nudeln und dem Eischnee vermischt und in etwa ½ Stunde im Ofen braun gebacken. Die Speise ist gar, wenn an einem Hölzchen, mit welchem man hineinsticht, nichts kleben bleibt. Die fertige Speise wird mit Zucker bestreut. Backt man die Speise auf einer Porzellanschüssel, so muß dieselbe auf einen Topf mit Wasser gestellt werden, weil sonst die Schüssel springt.

Zeitdauer der Bereitung 1½—2 Stunden.

5. Brühpudding für 2—3 Personen.

Zum Kloßabbacken ¼ Liter Milch	4	Pf.
50 Gramm (5 gestrichene Eßlöffel) Mehl	1½	„
17 Gramm (1 gestrichener Eßlöffel) Butter	4	„
3 Eier	18	„
48 Gramm (4 gestrichene Eßlöffel) Zucker	2½	„
8 gestoßene bittere Mandeln	2	„
½ abgeriebene Citronenschale	2½	„
1 Theelöffel Butter zum Formausstreichen	2	„
10 Gramm (1 gestr. Eßlöffel) geriebener Semmel zum Ausstreuen	³/₁₀	„
	36⁴/₅ Pf.	

⅛ Liter Milch und 17 Gramm Butter werden aufgekocht. — 50 Gramm Mehl und ⅛ Liter Milch werden glatt verrührt, in die kochende Milch geschüttet und so lange gerührt, bis die Masse als glatter Kloß vom Topf losläßt. Der Kloß wird jetzt vom Feuer genommen und muß etwas abkühlen. Eigelb, Zucker und Gewürze werden schaumig gerührt, dann mit dem abgekühlten Kloß und zuletzt mit dem Eischnee vermischt und in eine mit Butter ausgestrichene Form gethan. Der Pudding muß 1 Stunde kochen oder ½ Stunde im Ofen backen. (Siehe über das Kochen des Puddings Reispudding Seite 40).

Zeitdauer der Bereitung, wenn das Puddingwasser kocht, 1¾ Stunden.

6. Griespudding für 2—3 Personen.

Zum Kloß abbacken ¼ Liter Milch	4	Pf.
96 Gramm (8 gestrichene Eßlöffel) Gries	4	„
17 Gramm (1 gestrichener Eßlöffel) Butter	4	„
2 Eier	12	„
48 Gramm (4 gestrichene Eßlöffel) Zucker	2½	„
8 gestoßene bittere Mandeln	2	„
½ abgeriebene Citronenschale	2½	„
1 Theelöffel Butter zum Form ausstreichen	2	„
10 Gramm (1 gestrichener Eßlöffel) Reibbrod	³/₁₀	„
	33³/₁₀ Pf.	

Milch und Butter werden aufgekocht. Der Gries wird in die kochende Flüssigkeit gestreut und so lange gerührt, bis alles als glatter Kloß vom Topf losläßt. Eigelb, Zucker und Gewürze werden schaumig gerührt, dann mit dem abgekühlten Kloß und mit dem Eischnee vermischt und in eine mit Butter ausgestrichene und mit Reibbrod ausgestreute Form gethan. Der Pudding muß 1 Stunde kochen oder ½ Stunde im Ofen backen. (Siehe über das Kochen des Puddings Reispudding Seite 40).

Zeitdauer der Bereitung, wenn das Wasser kocht, 1¾ Stunden.

7. Brodpudding für 2—3 Personen.

3 Eier	18	Pf.
48 Gramm (4 gestrichene Eßlöffel) Zucker. . . .	3	,,
1 gestrichener Theelöffel Zimmt	½	,,
1 gestrichener Theelöffel Nelken	½	,,
5 gestoßene bittere Mandeln	1	,,
Citronat, fein geschnitten	5	,,
30 Gramm (3 gestrichene Eßlöffel) geriebenes Schwarzbrod	9/10	,,
1 Theelöffel Butter zum Formausstreichen	2	,,
10 Gramm (1 gestrichener Eßlöffel) Reibbrod zum Ausstreuen	3/10	,,
	31⅕	Pf.

Eigelb, Zucker und Gewürze werden schaumig gerührt, mit dem Brod und zuletzt mit dem sehr steifen Eischnee vermischt, in eine mit Butter ausgestrichene und mit Reibbrod ausgestreute Form gethan und 1 Stunde auf Dampf oder au bain mari gekocht. (Siehe über das Kochen des Puddings Reispudding Seite 40).

Zeitdauer der Bereitung, wenn das Wasser kocht, 1½ Stunden.

8. Griesflammerie für 3—4 Per

½ Liter Milch . . . .
8 gestoßene bittere Mandeln . . . .
½ abgeriebene Citronenschale . . . .
24 Gramm (2 gestrichene Eßlöffel) Zucker .
60 Gramm (5 gestrichene Eßlöffel) Gries . .
1 Ei (kann auch fortbleiben) . . . .

Gries, Zucker und Gewürze werden in b
gestreut und auf dem Feuer zu einem dicken Br
vom Feuer genommen und mit 1 Eigelb und 1
man zu Schnee geschlagen hat, vermischt. D
wird in eine mit Wasser ausgespülte Form
dem Erkalten gestürzt.

Zeitdauer der Bereitung bis zum Erkalt
ries 3—4 Stunden.

9. Mondaminflammerie für 3—4

½ Liter Milch . . . .
50 Gramm (5 gestrichene Eßlöffel) Mondamin
8 gestoßene bittere Mandeln . . . . . .
½ abgeriebene Citronenschale . . . .
48 Gramm (4 gestrichene Eßlöffel) Zucker .
2 Eier (können auch fortbleiben) . . . . . .

Alle Zuthaten werden kalt zusammenge
dem Feuer in 10 Minuten dick und klar gek
ausgespülte Form gethan und nach dem Erk
Zeitdauer der Bereitung bis zum Erkalte

10. Flammerie von Kartoffeln
Wie Mondaminflammerie.

11. Rote Grütze für 2—3 Personen.

¼ Liter Himbeeren, Johannisbeeren oder Preißelbeeren	10	Pf.
¼ Liter Wasser	—	„
48 Gramm (4 gestrichene Eßlöffel) Zucker	3	„
Auf ½ Liter Flüssigkeit 60 Gramm (5 gestrichene Eßlöffel) Gries	2½	„
	15½	Pf.

Die sauberen Früchte werden mit Wasser und Zucker weichgekocht. Wenn die Früchte weich sind, muß die Flüssigkeit ½ Liter betragen. Der Gries wird in die kochende Flüssigkeit geschüttet, dick gekocht und in eine mit Wasser ausgespülte Form gethan. Erkaltet wird die Grütze gestürzt. Man giebt ¼ Liter Vanillesauce, süße Sahne oder Milch dazu.

Zeitdauer der Bereitung bis zum Erkalten 2—3 Stunden.

12. Apfelreis für 5—6 Personen.

¼ Pfund (1 knappe Obertasse) Reis	5	Pf.
½ Liter Wasser zum Ausquellen	—	„
¼ Pfund Zucker	8	„
⅛ Pfund Sultaninen	8	„
½ abgeriebene Citronenschale und Saft	5	„
1 Portion Apfelkompott (Seite 48)	23½	„
	49½	Pf.

Der Reis wird mit Wasser, Zucker, Sultaninen, Citronenschale und Saft dick ausgequollen, dann mit dem fertigen Apfelkompott gemischt und in Glasschalen angerichtet. Man giebt ihn kalt auch warm.

Kompotts.

1. Blaubeerkompott für 3—4 Personen.

½ Liter Blaubeeren	10 Pf.
60 Gramm (5 gestrichene Eßlöffel) Zucker	4 „
	14 Pf.

Die Blaubeeren werden abgewaschen, ausgelesen und mit Zucker in einem offenen Topf in etwa 10 Minuten weichgekocht. Zeitdauer der Bereitung ½ Stunde.

2. Himbeerkompott für 3—4 Personen.

½ Liter ausgelesene Himbeeren	20 Pf.
60 Gramm (5 gestrichene Eßlöffel) Zucker	4 „
	24 Pf.

Die Himbeeren werden ausgelesen und wie Blaubeeren gekocht, Brombeeren werden wie Himbeeren gekocht.

3. Erdbeerkompott für 3—4 Personen.

½ Liter Gartenerdbeeren	40 Pf.
60 Gramm (5 gestrichene Eßlöffel) Zucker	4 „
	44 Pf.

Wie Blaubeerkompott.

4. Johannisbeerkompott für 3—4 Personen.

½ Liter Johannisbeeren	15 Pf.
60 Gramm (5 gestrichene Eßlöffel) Zucker	4 „
	19 Pf.

Die Johannisbeeren werden abgestengelt und wie Blaubeerkompott gekocht.

5. Kirschkompott für 3—4 Personen.

½ Liter Bierkirschen	15 Pf.
60 Gramm (5 gestrichene Eßlöffel) Zucker	4 „
	19 Pf.

Die Kirschen werden abgestengelt, ausgesteint und wie Blaubeerkompott gekocht.

6. Stachelbeerkompott für 3—4 Personen.

½ Liter Stachelbeeren	10 Pf.
96 Gramm (8 gestrichene Eßlöffel) Zucker	6 „
und ¼ Liter Wasser	—
	16 Pf.

Wasser und Zucker werden klar gekocht. Die Stachelbeeren werden von Blüte und Stengel befreit und in dem Zuckerwasser solange gekocht bis sie aufplatzen.
Zeitdauer der Bereitung ¾ Stunde.

7. Pflaumenkompott für 3—4 Personen.

½ Liter Pflaumen	15 Pf.
48 Gramm (4 gestrichene Eßlöffel) Zucker	3 „
4 Eßlöffel Wasser	—
	18 Pf.

Die Pflaumen werden abgewischt, ausgesteint und wie Stachelbeeren gekocht.

8. Preißelbeerkompott für 3—4 Personen.

½ Liter Preißelbeeren	15 Pf.
60 Gramm (5 gestrichene Eßlöffel	4 „
4 Eßlöffel Wasser	—
	19 Pf.

Die Preißelbeeren werden abgewaschen, ausgelesen und in klar gekochtem Zucker etwa ¼ Stunde gekocht.
Zeitdauer der Bereitung ½—¾ Stunde.

9. Moosbeeren für 3—4 Personen.

Werden wie Preißelbeeren gekocht.

10. Apfelkompott für 3—4 Personen.

½ Liter Äpfel	10 Pf.
36 Gramm (3 gestrichene Eßlöffel) Zucker	2 „
⅛ Liter Wasser	—
	12 Pf.

Die Äpfel werden geschält in Viertel oder Achtel geschnitten, vom Kernhaus befreit und in kaltes Wasser gelegt damit sie nicht braun werden. ⅛ Liter Wasser wird mit dem Zucker klar gekocht, die Äpfel werden hineingethan und solange gekocht bis sie weich sind.

Zeitdauer der Bereitung ¾ Stunde.

11. Birnkompott für 3—4 Personen.

½ Liter Birnen	15 Pf.
36 Gramm (3 gestrichene Eßlöffel) Zucker	3 „
⅜ Liter Wasser	—
½ Theelöffel Kartoffelmehl zum Anrühren	—
	18 Pf.

Die Birnen werden geschält und, wenn groß, einmal durchschnitten und wie die geschälten Äpfel in kaltes Wasser gelegt.

Zucker und ⅜ Liter Wasser werden klar gekocht, die Birnen hineingelegt und in ½ bis ¾ Stunde weich gekocht. Zuletzt werden sie mit ½ Theelöffel Kartoffelmehl angerührt. (Siehe Unterschied zwischen Kartoffel- und Weizenmehl beim beim Anrühren Seite 15).

Zeitdauer der Bereitung 1½ Stunden.

Backobst.

1. Backobst für 3—4 Personen.

½ Pfund Birnen, Äpfel und Pflaumen gemischt . 40	Pf.
48 Gramm (4 gestrichene Eßlöffel) Zucker 3	„
Zum Anrühren ein Theelöffel Kartoffelmehl . . . 1/10	„
43 1/10	Pf.

Das Backobst wird am Abend vorher abgewaschen und mit so viel Wasser, daß es drei Finger breit übersteht, eingeweicht. Am nächsten Tage setzt man es mit dem Einweichwasser und 48 Gramm Zucker aufs Feuer, läßt es in demselben weich kochen und rührt es mit Kartoffelmehl an. Pflaumen brauchen zum Weichkochen etwa ½, Äpfel eine und Birnen zwei Stunden. Man setzt deshalb zuerst die Birnen, dann die Äpfel und zuletzt die Pflaumen aufs Feuer.

Wenn das Obst eingeweicht, ist Zeitdauer der Bereitung 2½ Stunden.

Auf diese Weise wird jedes getrocknete Obst gekocht.

Während des Kochens muß, falls das Wasser zu sehr eingekocht, öfters Wasser nachgegossen werden.

Ist das Obst gar, so müssen Flüssigkeit und Obst im Topfe gleichstehen. (Siehe Unterschied zwischen Kartoffel- und Weizenmehl beim Anrühren Seite 15).

Gemüse.

1. Gestofte Karotten für 2—3 Personen.

½ Liter Karotten...............	10	Pf.
5 Gramm (ein gestrichener Theelöffel) Salz...	¹/₁₀	„
1 Messerspitze Zucker............	¹/₁₀	„
Wasser so viel, daß es zwei Finger breit übersteht		
Zum Anrühren 5 Gramm (1 gestrichener Theelöffel)		
Weizenmehl................	⅕	„
und ein Eßlöffel Wasser...........	—	„
1 Eßlöffel grüne, gehackte Petersilie.......	2	„
17 Gramm (1 gestrichener Eßlöffel) Butter...	4	„
	16²/₅	Pf.

Die Karotten werden geputzt und wenn sie groß sind, in Scheiben geschnitten, abgewaschen, mit Wasser, Salz, Zucker und Butter weichgekocht und mit Mehl und Wasser angerührt. Zuletzt kommt die grüne Petersilie heran. Wenn die Karotten weich sind, so muß die Flüssigkeit mit ihnen gleichstehen.

Zeitdauer der Bereitung 2 Stunden.

(Siehe Unterschied zwischen Kartoffel= und Weizenmehl beim Anrühren Seite 15).

2. Gestofte grüne Erbsen für 3—4 Personen.

2 Liter Erbsen................	40	Pf.
5 Gramm (1 gestrichener Theelöffel) Salz...	¹/₁₀	„
Wasser so viel, daß es 2 Finger breit übersteht.	—	„
Zum Anrühren 5 Gramm (1 gestrichener Theelöffel)		
Weizenmehl................	⅕	„
und 1 Eßlöffel Wasser............	—	„
17 Gramm (1 gestrichener Eßlöffel) Butter...	4	„
1 Eßlöffel grüne gehackte Petersilie.......	2	„
	46³/₁₀	Pf.

Die Erbsen werden gelüftet und wie gestofte Karotten gekocht. Zeitdauer der Bereitung eine Stunde.

3. Blumenkohl für 2—3 Personen.

1 kleiner Kopf Blumenkohl	30	Pf.
1½ Liter Wasser	—	„
10 Gramm (1 gestrichener Eßlöffel) Salz	⅕	„
1 Portion Blumenkohlsauce (Seite 18)	11 7⁄10	„
	41 9⁄10 Pf.	

Der Blumenkohl wird geputzt und in kochendem Salzwasser gargekocht. (Der Blumenkohl ist gar, wenn sich der Strunk weich spickt.) Man legt ihn nun mit einem Schaumlöffel auf die Anrichteschüssel und füllt die fertige Sauce herüber.
Zeitdauer der Bereitung, wenn das Wasser kocht, 1 Stunde.

4. Spargel für 2—3 Personen.

1 Mandel Spargel	50	Pf.
1½ Liter Wasser	—	„
10 Gramm (1 gestrichener Eßlöffel) Salz	⅕	„
1 Portion weiße Sauce wie zu Blumenkohl. (Man verwendet zur Sauce das Spargelwasser)	11 7⁄10	„
	61 9⁄10 Pf.	

Die Spargel werden geschält und soweit sie unten holzig sind, beschnitten, in ein Bündel zusammen gebunden und in kochendem Salzwasser weich gekocht. Dann werden sie auseinander gebunden, auf einer länglichen Schüssel angerichtet und mit der fertigen Sauce begossen.
Zeitdauer der Bereitung, wenn das Wasser kocht, 1½ Std.

5. Spinat für 2—3 Personen.

2 Liter Spinat	20	Pf.
1½ Liter Wasser	—	„
10 Gramm (1 gestrichener Eßlöffel) Salz	⅕	„
1 Theelöffel Butter	2	„
5 Gramm (1 gestrichener Theelöffel) Mehl	⅕	„
4 Eßlöffel Wasser	—	„
1 Prise Pfeffer und Salz nach Geschmack	⅕	„
	22 ⅗ Pf.	

Der Spinat wird verlesen und in kochendem Salzwasser ein paar Mal aufgekocht, auf einen Durchschlag gegossen, gut abgetropft und durchgeschlagen oder fein gehackt. Aus Butter, Mehl und 4 Eßlöffel Wasser wird eine weiße Mehlschwitze, (siehe Petersiliensauce Seite 16), gemacht, der Spinat hineingeschüttet, dick gekocht und mit Salz und Pfeffer und falls man will auch mit einer Messerspitze Fleischextract abgeschmeckt.

6. Kohlrabi für 3—4 Personen.

½ Mandel kleine Kohlrabi	30 Pf.
1½ Liter Wasser	— „
10 Gramm (1 gestrichener Eßlöffel) Salz	⅕ „
34 Gramm (2 gestrichene Eßlöffel) Butter	8 „
20 Gramm (2 gestrichene Eßlöffel) Mehl	⅗ „
½ Liter Wasser	— „
5 Gramm (1 gestrichener Theelöffel) Salz	1/10 „
1 Messerspitze Pfeffer	1/10 „
	39 Pf.

Die Kohlrabi werden geschält, in Scheiben geschnitten, in kochendem Salzwasser, in einem offenen Topf übergewellt und auf einem Durchschlag abgetropft. Von den inneren Herzblättern des Kohlrabi hackt man so viel, daß es etwa ein gehäufter Eßlöffel voll ist. Aus Butter, Mehl und ½ Liter Wasser wird eine weiße Mehlschwitze, (siehe Petersiliensauce Seite 16), gemacht, in welche man Salz, Pfeffer, die gehackten Blätter und die Kohlrabischeiben hineinschüttet und weich kochen läßt. Sollte die Flüssigkeit zu sehr eingekocht sein, bevor die Kohlrabi weich sind, so muß etwas Wasser nachgegossen werden. Sind die Kohlrabi weich, so muß die Flüssigkeit mit ihnen gleich stehen. Zeitdauer der Bereitung 1½ Stunden.

7. Grüne Bohnen I für 3—4 Personen.

1 Liter Bohnen	20 Pf.
1½ Liter Wasser	— „
10 Gramm (1 gestrichener Eßlöffel) Salz	⅕ „
34 Gramm (2 gestrichene Eßlöffel) Butter	8 „
5 Gramm (1 gestrichener Theelöffel) Salz	1/10 „
	28 3/10 Pf.

Die Bohnen werden abgezogen, in Stücke gebrochen oder fein geschnitzelt, in Salzwasser weich gekocht, auf einem Durchschlag abgetropft, in den Topf zurückgeschüttet und mit Butter und 5 Gramm Salz durchgeschwenkt.

Zeitdauer der Bereitung 1½ Stunden.

8. Grüne Bohnen II für 3—4 Personen.

1 Liter Bohnen	20	Pf.
1½ Liter Wasser	—	,,
10 Gramm (1 gestrichener Eßlöffel) Salz	1/5	,,
2 Stiele Bohnenkraut	½	,,
Zur Sauce:		
34 Gramm (2 gestrichene Eßlöffel) Butter	8	,,
20 Gramm (2 gestrichene Eßlöffel) Mehl	3/5	,,
¼ Liter Wasser	—	,,
5 Gramm (1 gestrichener Theelöffel) Salz	1/10	,,
1 Messerspitze Pfeffer	1/10	,,
	29½	Pf.

Die fein geschnitzelten oder gebrochenen Bohnen werden in Salzwasser weich gekocht und abgetropft, mit der fertigen weißen Mehlschwitzsauce, (siehe Petersiliensauce Seite 16), in welcher man das Bohnenkraut mitkochen ließ, vermischt. Beim Anrichten wird das Bohnenkraut entfernt.

Zeitdauer der Bereitung 1½ Stunden.

9. Wachsbohnen für 3—4 Personen.

1 Liter Wachsbohnen	20	Pf.
1½ Liter Wasser	—	,,
10 Gramm (1 gestrichener Eßlöffel) Salz	1/5	,,
34 Gramm (2 gestrichene Eßlöffel) Butter	8	,,
	28 1/5	Pf.

Die Bohnen werden abgezogen, in Bündel zusammen gebunden und in kochendem Salzwasser weich gekocht. Beim Anrichten bindet man sie auseinander und begießt sie mit der braunen Butter.

Zeitdauer der Bereitung 1½ Stunden.

— 54 —

10. Saubohnen für 3—4 Personen.

3 Liter Saubohnenschoten (halbreife)	30 Pf.
2 Liter Wasser	— ″
15 Gramm (1½ gestrichene Eßlöffel) Salz . . .	³⁄₁₀ ″
34 Gramm (2 gestrichene Eßlöffel) Butter . . .	8 ″
	38³⁄₁₀ Pf.

Die Bohnen werden enthülst in kochendem Salzwasser weichgekocht und mit Butter durchgeschwenkt.

Zeitdauer der Bereitung 2 Stunden.

11. Wirsingkohl für 3—4 Personen.

1 kleiner Kohlkopf	10 Pf.
1½ Liter Wasser	— ″
10 Gramm (1 gestrichener Eßlöffel) Salz	⅕ ″
17 Gramm (1 gestrichener Eßlöffel) Butter . . .	4 ″
	14⅕ Pf.

Der Kohl wird beputzt, in 4 bis 8 Teile geschnitten, wobei man den Strunk und die harten Blattrippen entfernt, in Salzwasser weichgekocht, abgetropft und mit Butter durchgeschwenkt.

Zeitdauer der Bereitung 1½—2 Stunden.

12. Weißkohl für 3—4 Personen.

1 kleiner Kohlkopf	10 Pf.
1½ Liter Wasser	— ″
10 Gramm (1 gestrichener Eßlöffel) Salz	⅕ ″
1 Portion Sauce wie zu gefülltem Kohlkopf, S. 18	11⁷⁄₁₀ ″
	21⁹⁄₁₀ Pf.

Der Kohl wird fein geschnitten in Salzwasser weichgekocht, abgetropft, mit der fertigen Sauce vermischt und angerichtet.

Zeitdauer der Bereitung 2 Stunden.

13. Schmorkohl für 3—4 Personen.

1 kleiner Kopf Weißkohl	10	Pf.
Kochendes Wasser zum Bebrühen	—	„
51 Gramm (3 gestrichene Eßlöffel) Butter oder gutes Gänse-, Enten- oder Schweineschmalz	12	„
4 Eßlöffel Essig	1	„
24 Gramm (2 gestrichene Eßlöffel) Zucker	1½	„
5 Gramm (1 gestrichener Theelöffel) Salz	1/10	„
Wasser zum Kochen, so viel, daß es 2 Finger breit übersteht	—	„
	24³/₅	Pf.

Der Kohl wird fein geschnitten, mit kochendem Wasser bebrüht und gut abgetropft. Die Butter wird in einem Topfe still und braun oder das Fett still und dampfend gemacht, der Kohl hineingeschüttet und gebräunt. Hat der Kohl eine bräunliche Farbe bekommen, so gießt man soviel Wasser herauf, daß es zwei Finger breit übersteht, schüttet Essig, Zucker und Salz heran und läßt den Kohl in etwa 2 Stunden weichkochen. Man muß, wenn nötig, Wasser nachgießen. Der fertig gekochte Kohl darf nicht flüssig, sondern muß dick eingekocht sein. Vor dem Anrichten wird er noch einmal mit Zucker und Essig abgeschmeckt.

Zeitdauer der Bereitung 2½—3 Stunden.

14. Rotkohl für 3—4 Personen.

1 kleiner Kopf Rotkohl	15	Pf.
Kochendes Wasser zum Bebrühen	—	„
34 Gramm (2 gestrichene Eßlöffel) Butter oder gutes Gänse-, Enten- oder Schweineschmalz	8	„
4 Eßlöffel Essig	1	„
24 Gramm (2 gestrichene Eßlöffel) Zucker	1½	„
5 Gramm (1 gestrichener Theelöffel) Salz	1/10	„
Wasser zum Kochen, daß es 2 Finger breit übersteht	—	„
	25³/₅	Pf.

Der Rotkohl wird fein geschnitten, nur ganz kurze Zeit mit kochendem Wasser bebrüht, damit er nicht die Farbe verliert und mit Wasser, Fett oder Butter, Zucker, Essig und Salz weich und dick gekocht. Kurz vor dem Anrichten wird er mit Zucker und Essig noch einmal abgeschmeckt.

Zeitdauer der Bereitung 2½ - 3 Stunden.

15. Sauerkohl für 2—3 Personen.

½ Pfund Sauerkohl	5	Pf.
34 Gramm (2 gestrichene Eßlöffel) Butter, Gänse-, Enten- oder Schweineschmalz	8	„
5 Gramm (1 gestrichener Theelöffel) Salz	¹/₁₀	„
Wasser nach Bedarf	—	„
Zum Anrühren 5 Gramm (1 gestrichener Theelöffel) Mehl	⅕	„
und 1 Eßlöffel Milch oder Sahne	1	„
	14³/₁₀	Pf.

Man gießt auf den Sauerkohl soviel Wasser, daß es 2 Finger breit übersteht, thut Fett und Salz heran und kocht den Kohl in 2--3 Stunden weich. Wenn der Kohl weich ist, muß die Flüssigkeit mit ihm gleich stehn. Er wird jetzt mit Sahne und Mehl angerührt, dick gekocht und angerichtet.

Zeitdauer der Bereitung 2½—3 Stunden.

16. Kohlrüben oder Wruken für 2—3 Personen.

1 kleine Kohlrübe	5	Pf.
Kochendes Wasser zum Bebrühen	—	„
17 Gramm (1 gestrichener Eßlöffel) Butter oder Fett	4	„
6 Gramm (1 gestrichener Theelöffel) Zucker . . .	½	„
10 Gramm (1 gestrichener Eßlöffel) Mehl	³/₁₀	„
¼ Liter Wasser	—	„
5 Gramm (1 gestrichener Theelöffel) Salz . . .	¹/₁₀	„
1 Messerspitze Pfeffer	¹/₁₀	„
	10	Pf.

Eine kleine Kohlrübe wird geschält und in Würfel geschnitten (es müssen ungefähr ½ Liter Würfel sein) und bebrüht. Die Butter wird still und braun gemacht und zuerst der Zucker in derselben gebräunt, dann wird das Mehl hinzugeschüttet und solange gerührt bis es kastanienbraun ist. Nun wird das Wasser unter langsamem Rühren hinzugegossen, Pfeffer und Salz an die Sauce gethan und die Kohlrübe in derselben weich gekocht. Wenn nötig muß während des Kochens Wasser nachgegossen werden. Sind die Wruken gar, so muß die Flüssigkeit mit ihnen gleich stehn. Zeitdauer der Bereitung 2 Stunden.

17. Teltowerrüben

werden ebenso wie Wruken gekocht.

18. Rosenkohl I für 3—4 Personen.

1 Liter Rosenkohl	40	Pf.
1½ Liter Wasser	—	,,
10 Gramm (1 gestrichener Eßlöffel) Salz . . .	⅕	,,
17 Gramm (1 gestrichener Eßlöffel) Butter . . .	4	,,
	44⅕	Pf.

Der Rosenkohl wird beputzt, in Salzwasser weichgekocht, abgetropft und mit Butter durchgeschwenkt. Zeitdauer der Bereitung 1½ Stunden.

19. Rosenkohl II für 3—4 Personen.

1 Liter Rosenkohl	40	Pf.
1½ Liter Wasser	—	,,
10 Gramm (1 gestrichener Eßlöffel) Salz . . .	⅕	,,
	40⅕	Pf.

Zur weißen Sauce (siehe Petersiliensauce S. 16):

17 Gramm (1 gestrichener Eßlöffel) Butter . . .	4	Pf.
10 Gramm (1 gestrichener Eßlöffel) Mehl . . .	3/10	,,
½ Theelöffel Salz und 1 Messerspitze Pfeffer . .	⅕	,,
⅛ Liter Kohlwasser	—	,,
	44⁷⁄₁₀	Pf.

Der Kohl wird in Salzwasser weichgekocht, abgetropft und mit der fertigen Sauce vermischt. Zeitdauer der Bereitung 1½ Stunden.

20. Braunkohl oder Grünkohl

wird wie Spinat gekocht, nachdem man die dicken Blattrippen entfernt hat.

Pilze.

Pilze I für 2—3 Personen.

1 Liter beputzte Steinpilzen oder Gelböhrchen . .	20	Pf
1 kleine Zwiebel in Würfel	1/2	
1/8 Liter Sahne.	8	„
34 Gramm (2 gestrichene Eßlöffel) Butter oder 60 Gramm geräuchertes, in kleine Würfel geschnittenes Speck.	12	„
Zum Anrühren 5 Gramm (1 gestrichener Theelöffel) Mehl, 1 Messerspitze Pfeffer . .	1/10	„
Salz nach Geschmack	1/10	„
	40 7/10 Pf.	

Die Pilze werden beputzt, in kochendem Wasser einmal übergewellt, abgetropft und in brauner Butter oder ausgebratenem Speck mit der Zwiebel zusammen etwas gebräunt. Dann gießt man die Sahne hinzu, läßt alles einmal aufkochen, rührt die Pilze mit einem Theelöffel Mehl an und schmeckt sie mit Salz und Pfeffer ab. (Siehe Unterschied zwischen Kartoffel- und Weizenmehl beim Anrühren Seite 15).

Zeitdauer der Bereitung, wenn das Wasser kocht, 1/2 Stunde.

Pilze II für 1—2 Personen.

1/2 Liter Pilze	15	Pf.
Salzwasser zum Abwellen.	—	„
17 Gramm (1 gestrichener Eßlöffel) Butter . . .	4	„
5 Gramm (1 gestrichener Theelöffel) Mehl . . .	1/10	„
1/8 Liter Wasser	—	„
1 Messerspitze Fleischextrakt	2	„
1 Theelöffel grüne gehackte Petersilie	1	„
1 Messerspitze Pfeffer	1/10	„
1 kleine Zwiebel	1/2	„
Salz nach Geschmack.	1/10	„
	22 4/5 Pf.	

Die Pilze werden beputzt und in kochendem Wasser abgewellt. Aus Butter, Mehl und Wasser macht man eine weiße Sauce, welche man mit Pfeffer, Salz und grüner Petersilie abschmeckt und mit den abgewellten Pilzen vermischt. (Siehe Petersiliensauce Seite 16).

Fische.

1. Kennzeichen frischer Fische.
Sie müssen klare Augen und dunkelrote Kiemen haben.

2. Kennzeichen garer Fische.
Fische sind gar, wenn die Augen wie weiße Perlen aus dem Kopfe heraustreten, die Kiemen grau sind und die Flossen sich leicht herausziehen lassen.

3. Das Töten der Fische.
Man schlägt den Fischen mehrmals mit der flachen Seite eines Hackmessers oder einem Hammer auf den Kopf und durchsticht ihnen mit einem spitzen Messer hinten am Schwanz das Rückgrat.

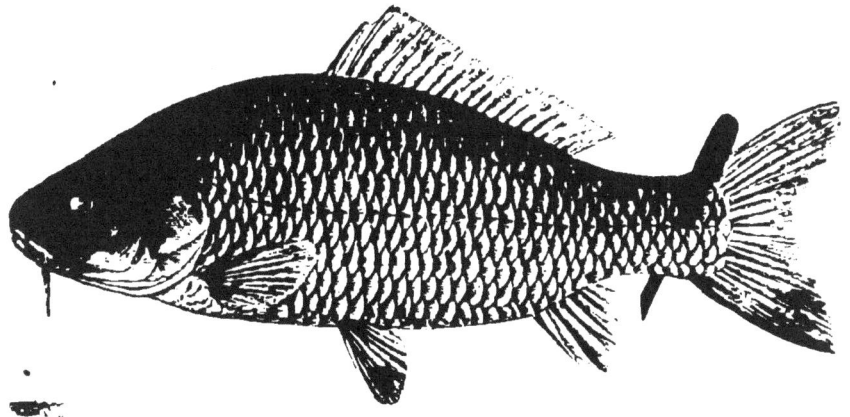

4. Das Ausnehmen von großen Fischen.

Der Fisch wird geschuppt. Nimmt man große Fische aus, so wird, wie vorgezeichnet, ein Einschnitt am Kopf gemacht und der Schlußdarm wird ebenfalls, wie vorgezeichnet, durch einen dreieckigen Einschnitt gelöst. Dann zieht man oben am Kopf die Eingeweide heraus, entfernt innen die weiße Rückenhaut und wäscht den Fisch tüchtig ab.

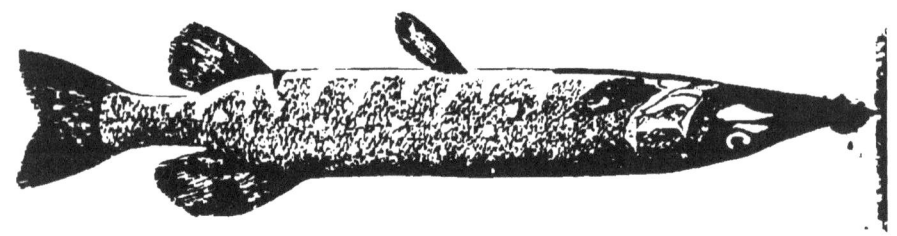

5. Das Ausnehmen von Flundern und Steinbutten.

Die Flunder wird, nachdem ihr, wie vorgezeichnet, der Kopf abgeschnitten wurde, ausgenommen. Die dicke Haut wird nun, wie vorgezeichnet, am Schwanze gelöst und abgezogen und die Flossen wenn nötig eingestützt.

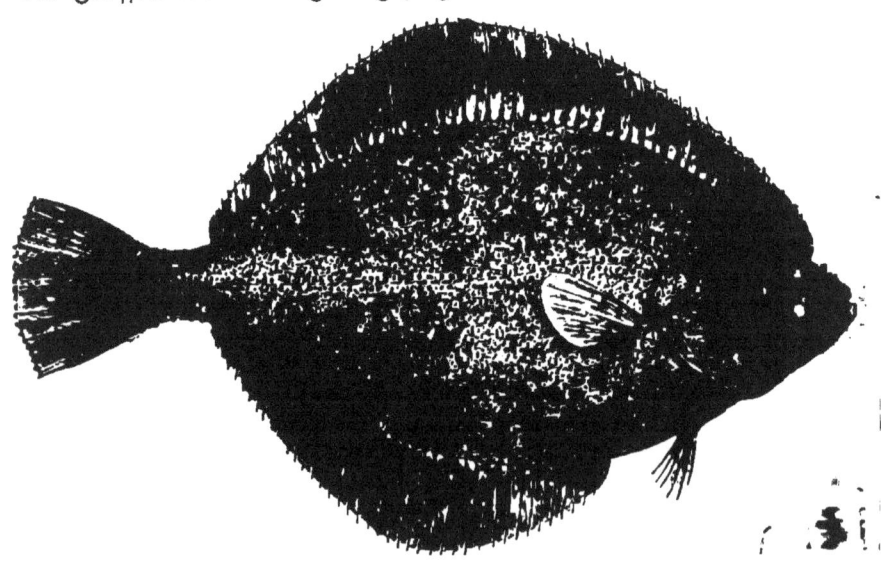

6. Das Vorbereiten des Aals.

Der Aal wird getötet (siehe das Töten der Fische) an einem Nagel aufgehängt und tüchtig mit Sand abgerieben. Will man ihn abziehen, so macht man, wie vorgezeichnet, am Kopfe einen Einschnitt in die Haut und zieht diese mit einem Messer nachhelfend vorsichtig ab. Nun wird er in Stücke geschnitten, welche man mittels eines Holzlöffelstiels von den Eingeweiden befreit.

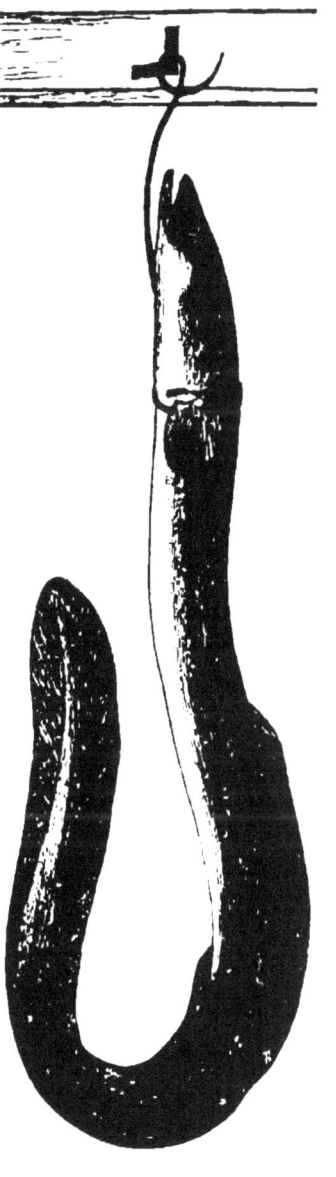

7. Grüner- oder Butterfisch für 2—3 Personen.

1 Fisch von einem Pfund oder ½ Mandel kleine Fische . . .	50	Pf.
10 Gramm (1 gestrichener Eßlöffel) Salz	1/5	"
1 kleine Zwiebel . . .	1/2	"
1 Stückchen Sellerie und Petersilienwurzel .	3	"
1 Eßlöffel grüne gehackte Petersilie	2	"
1/2 Liter Wasser . . .	—	"
34 Gramm (2 gestrichene Eßlöffel) Butter .	8	"
Zum Anrühr. 30 Gramm (3 gestrichene Eßlöffel) Weizenmehl und 3—4 Eßlöffel Milch, Sahne oder Wasser	4	"
1 Messerspitze Pfeffer .	1/10	"
	67⅘	Pf.

Zu Butterfischen nimmt man am liebsten Hecht, Zand, Strömlinge, Karauschen ꝛc. Die Fische werden geschuppt, ausgenommen, größere in Stücke geschnitten, schnell abgewaschen und besalzen. 1/2 Liter Wasser wird mit dem Wurzelwerk und der Zwiebel aufgekocht. Butter und Fische werden in die kochende Flüssigkeit geschüttet und darin auf nicht zu starkem Feuer gar gekocht. (Siehe Kennzeichen garer Fische). (Man hat darauf zu achten, daß das Kochwasser mit den Fischen gleich steht.) Die garen Fische werden auf die Anrichteschüssel gelegt und die Sauce wird, nachdem sie mit Mehl und Sahne angerührt wurde, (siehe Unterschied zwischen Kartoffel- und Weizenmehl beim Anrühren), bündig gekocht, dann mit Pfeffer, Salz und grüner Petersilie abgeschmeckt und über die Fische gegossen.

Zeitdauer der Bereitung, wenn die Fische besalzen sind, 1/2 Std.

8. Hering für 3—4 Personen.

1 Hering	10 Pf.

Dem am Tage vorher eingewässerten Hering wird, nachdem er geschuppt und ausgenommen wurde, die Bauchhaut bis an den vorgezeichneten Strich abgezogen. Dann wird der Fisch, wie vorgezeichnet, in Stücke geschnitten und auf eine längliche Schüssel gelegt. Die Flossen werden verkürzt.

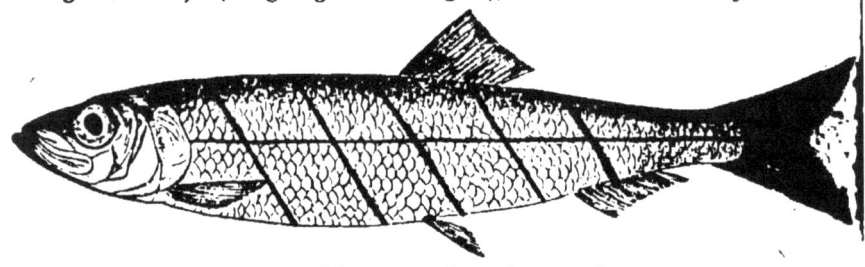

9. Bierfisch für 2—3 Personen.

1 Pfund Fisch (Karpfen, Schleie, Bressen ꝛc.) . .	60 Pf.
10 Gramm (1 gestrichener Eßlöffel) Salz	1/5 „
1 kleine Flasche (3/8 Liter Braunbier)	5 „
1 Zwiebel mit 6 Kreidnelken gespickt	1 „
1 Stückchen Sellerie und Petersilienwurzel . . .	3 „
1 Stückchen trockenes Brot	1/2 „
Latus	69 7/10 Pf.

Transport	69⁷/₁₀ Pf.
34 Gramm (2 gestrichene Eßlöffel) Butter....	8 „
Zum Anrühren: 1 Stückchen Kochpfefferkuchen (so-viel, daß es gerieben etwa 2 gestrichene Eßlöffel sind) und 3 Eßlöffel Wasser. .	3 „
24 Gramm (2 gestrichene Eßlöffel) Zucker....	1½ „
4 Eßlöffel Essig	1/5 „
	82²/₅ Pf.

Die Fische werden geschuppt, ausgenommen und besalzen. Das Bier wird mit Wurzelwerk, Zwiebel, Brot, Gewürzen, Zucker und Essig aufgekocht. Die Fische werden in die Flüssigkeit geschüttet und auf schwachem Feuer gargekocht. Flüssigkeit und Fische müssen gleichstehen, ist dieses nicht der Fall, so muß man etwas Bier nachgießen. Die garen Fische werden mit dem Schaumlöffel herausgenommen und die Flüssigkeit wird mit dem, in Wasser aufgelösten Kochpfefferkuchen angerührt und mit Zucker und Essig abgeschmeckt.

Zeitdauer der Bereitung 1 Stunde.

Karpfen können auch ungeschuppt gekocht werden.

10. Hecht oder Zander ganz gekocht für 2—3 Personen.

1 Fisch von 1 Pfd............	60 Pf.
Wasser soviel, daß es übersteht; auf 1 Liter Wasser rechnet man	— „
10 Gramm (1 gestrichener Eßlöffel) Salz....	1/5 „
1 kleine Zwiebel	½ „
1 Stückchen Sellerie und Petersilienwurzel ...	3 „
2 hartgekochte Eier	12 „
34 Gramm (2 gestrichene Eßlöffel) Butter....	8 „
	83⁷/₁₀ Pf.

Der Fisch wird geschuppt und ausgenommen (siehe das Ausnehmen von großen Fischen) dann ordentlich abgewaschen und mit Wasser, Salz, Zwiebel und Wurzelwerk, in Ermangelung eines Fischkessels, in der Bratpfanne auf dem Herd gar gekocht.

Ganze Fische werden mit kaltem Wasser aufgesetzt. Man giebt hartgekochte, fein gehackte Eier und braune Butter dazu. Das Fischwasser kann man zu einer weißen, gebundenen Suppe benutzen. (Siehe Seite 15.) Zeitdauer der Bereitung 1 Stunde.

11. Karpfen blau.

Der Karpfen wird nicht geschuppt, sondern nur ausgenommen (siehe das Ausnehmen von großen Fischen) und wie Hecht oder Zander ganz gekocht. Als Sauce giebt man 2 Eßlöffel geriebenen Meerrettig mit 1/4 Liter Schlagsahne vermischt dazu oder braune Butter und gehackte Eier.

Zeitdauer der Bereitung 3/4 Stunde.

12. Gebratene kleine Fische für 3—4 Personen.

1 Mandel Strömlinge	25	Pf.
10 Gramm (1 gestrichener Eßlöffel) Salz	1/5	Pf.
20 Gramm (2 gestrichene Eßlöffel) Mehl oder Reibbrot	3/5	„
1/8 Pfund (etwa 4 gestrichene Eßlöffel) Fett . . .	5	„
	30 4/5	Pf.

Die Fische werden geschuppt, ausgenommen und besalzen; kurz vor dem Braten in Mehl, am besten grobes Mehl oder Reibbrot gewälzt und in dampfendem Fett gebraten. Als Sauce giebt man das Bratfett oder braune Butter dazu. Gebratene Flundern (siehe das Ausnehmen von Flundern) werden ebenso gebraten.

13. Gekochte Steinbutte.

(Siehe das Ausnehmen von Steinbutten.) Die Steinbutte wird wie Hecht oder Zander ganz gekocht. Man giebt zerlassene oder braune Butter und gehackte Eier dazu.

14. Gebratener Hecht od. Zander im Ofen für 2—3 Personen.

1 Fisch von 1 Pfund	60	Pf.
10 Gramm (1 gestrichener Eßlöffel) Salz	1/5	„
z. Braten: 1/8 Pfund (etwa 4 gestrich. Eßlöffel) Butter	12 1/2	„
1 kleine Zwiebel, 1 Stückchen Lorbeerblatt 2 Gewürzkörner und 4 Pfefferkörner	1/2	„
1 Stückchen Sellerie und Petersilienwurzel . . .	3	„
1/8 Liter Sahne	7 1/2	„
Zum Anrühren 5 Gramm (1 gestrichener Theelöffel) Mehl	1/10	„
und 2 Eßlöffel Wasser	—	„
	83 4/5	Pf.

Der Fisch wird geschuppt, ausgenommen (siehe das Ausnehmen von großen Fischen) und besalzen. ⅛ Pfund Butter wird in der Bratpfanne still und braun gemacht, der Fisch nebst Wurzelwerk und Gewürzen hineingelegt und unter öfterem Beschöpfen im Bratofen braun und gar gebraten. Sollte die Butter zu braun werden, bevor der Fisch gar ist, so gießt man nach jedem Beschöpfen ein paar Tropfen Wasser in dieselbe, um das Verbrennen der Butter zu verhüten. Ist der Fisch gar, so wird allmählich die Sahne hinzugegossen, um die Sauce zu machen. Die fertige Sauce wird mit Mehl und Wasser angerührt und bündig gekocht. Sollte die Sauce nicht braun genug sein, so kann man ½ Theelöffel Zucker bräunen und an dieselbe thun. 1 Fisch von 1 Pfund wird in ½ Stunde gar gebraten.

Bei größeren Fischen rechnet man auf 1 Pfund Fisch 15—20 Minuten Bratzeit. Der Fisch ist gar, wenn die Augen wie weiße Perlen aus dem Kopf heraus treten, die Kiemen grau sind und die Flossen sich leicht heraus ziehen lassen.

Das Braten auf dem Herd von unpanierten Sachen.

Die Butter muß zum Braten still und braun und das Fett still und dampfend sein. Unpanierte Sachen (d. h. nicht vor dem Braten eingewälzte Sachen) werden dauernd während des Bratens gekehrt.

1. Geschabte Beefsteaks für 2—3 Personen.

½ Pfund Beefsteakfleisch	40 Pf.
1 Gramm (1 gestrichener Theelöffel) Salz . . .	⅕ "
Messerspitze Pfeffer	1/10 "
4 Gramm (2 gestrichene Eßlöffel) Butter . . .	8 "
kleine Zwiebel in Würfel	½ "
	48⅘ Pf.

Aus einem halben Pfund Beefsteakfleisch formt man mit zwei Löffeln 4 Beefsteaks, macht mit dem Messerrücken schräge Carrés auf dieselben, bestreut sie mit Pfeffer und Salz und bratet sie in stiller brauner Butter, indem man sie schnell zweimal in derselben umwendet auf starkem Feuer, so daß sie außen braun innen aber noch rosa sind. Sie werden auf einer flachen Schüssel angerichtet und mit gebratenen Zwiebelhäufchen belegt. Die braune Butter giebt man als Sauce apart dazu oder gießt sie auf die Anrichteschüssel.

2. Ganze Beefsteaks für 2—3 Personen.

½ Pfund Schabefleisch aus der Kugel wird in etwa 4 Scheiben geschnitten	40 Pf.
5 Gramm (1 gestrichener Theelöffel) Salz	1/10 „
1 Messerspitze Pfeffer	1/10 „
34 Gramm (2 gestrichene Eßlöffel) Butter	8 „
1 kleine Zwiebel in Würfel	½ „
	48 7/10 Pf.

Die Scheiben werden geklopft, mit Pfeffer und Salz bestreut und in brauner Butter schnell gebraten, innen müssen sie noch rosa sein. Sie werden wie geschabte Beefsteaks mit gebratenen Zwiebelscheiben angerichtet.

3. Schweineschnitzel für 2—3 Personen.

½ Pfund Schweineschnitzel	35 Pf.
5 Gramm (1 gestrichener Theelöffel) Salz	1/10 „
1 Messerspitze Pfeffer	1/10 „
34 Gramm (2 gestrichene Eßlöffel) Butter . . .	8 „
	43 1/5 Pf.

Das Fleisch wird in etwa 4 Scheiben geschnitten und wie ganze Beefsteaks, nach dem es geklopft ist, gebraten.

4. Klops für 2—3 Personen.

½ Pfund Klopsfleisch	35	Pf.
(halb Schwein, halb Rind)		
1 Ei	6	„
8 Gramm (1 knapper gestrichener Eßlöffel) Salz .	⅕	„
1 Messerspitze Pfeffer	1/10	„
2 gestoßene Gewürzkörner	1/10	„
Zum Kloß abbacken: 1 Theelöffel Butter und 1 eingeweichtes, ausgedrücktes Brötchen	2	„
Zum Formen der Klopse: 20 Gramm (2 gestrichene Eßlöffel) Reibbrot	⅗	„
	44	Pf.

1 Brötchen wird in Wasser eingeweicht, ausgedrückt, fein zerrührt und mit 1 Theelöffel Butter auf dem Feuer zu einem Kloß abgebacken. Hierauf wird es mit allen übrigen Zuthaten vermischt. Man formt aus der Masse mit Reibbrot und zwei Löffeln 6—8 Klopse, welche man in 34 Gramm (2 gestrichene Eßlöffel) Butter oder auch Fett gar bratet. Sie sind gar, wenn man mit einer Gabel hineinsticht und der Fleischsaft klar herauskommt.

Zeitdauer der Bereitung 1 Stunde.

5. Kalbskotelettes für 2—3 Personen.

¼ Pfund Kalbfleisch und ¼ Pfund gemahlenes Schweinefleisch	35	Pf.
1 Ei	6	„
8 Gramm (1 knapper gestrichener Eßlöffel) Salz .	⅕	„
1 Messerspitze Pfeffer	1/10	„
Zum Kloß abbacken: 1 Theelöffel Butter und 1 eingeweichtes, ausgedrücktes Brötchen . . .	2	„
Zum Formen: 20 Gramm (2 gestrichene Eßlöffel) Reibbrot	⅗	„
	43 9/10	Pf.

Kalbskotelettes werden wie Klopse angeteigt, länglich geformt und gebraten.

Zeitdauer der Bereitung 1 Stunde.

6. Bouletten für 2—3 Personen.

³/₈ Pfund fein gewiegte Reste von gekochtem oder gebratenem Fleisch.	35	Pf.
⅛ Pfund fein gemahlenes, geräuchertes Speck oder fettes Schweinefleisch	10	„
1 Eßlöffel grüne gehackte Petersilie.	2	„
1 Ei	6	„
1 Messerspitze Pfeffer	1/10	„
Salz nach Geschmack.	1/10	„
Zum Kloß abbacken: 1 Theelöffel Butter oder Fett	2	„
1 kleine Zwiebel in Würfel.	1/2	„
1 eingeweichtes, ausgedrücktes Brötchen	2	„
Zum Braten: 34 Gramm (2 gestrichene Eßlöffel) Butter oder Fett.	8	„
	65⁷/₁₀ Pf.	

Bouletten werden wie Klopse angeteigt und gebraten. Bevor das eingeweichte und ausgedrückte Brötchen abgebacken wird, bräunt man in der Butter 1 kleine in Würfel geschnittene Zwiebel.

Zeitdauer der Bereitung 1 Stunde.

7. Hammelkotelettes für 2—3 Personen.

½ Pfund Hammelkarbonade.	40	Pf.
5 Gramm (1 gestrichener Theelöffel) Salz. . . .	1/10	„
1 Messerspitze Pfeffer	1/10	„
Zum Braten: 34 Gramm (2 gestrichene Eßlöffel) Butter	8	„
	48⅕ Pf.	

Aus ½ Pfund Hammelkarbonade werden 2—3 Kotelettes geschnitten, diese werden geklopft, mit Salz und Pfeffer bestreut und wie ganze Beefsteaks gebraten.

Das Braten von paniertem Fleisch.

Panierte d. h. in Ei und geriebene Semmel oder Mehl eingewälzte Sachen werden erst gekehrt, wenn eine Seite gebräunt ist. — Paniert werden sie stets kurz vor dem Braten, weil sonst die Panade aufweicht und abfällt.

1. Gebratene Leber für 2—3 Personen.

½ Pfund Hammel oder Kalbsleber	45 Pf.
5 Gramm (1 gestrichener Theelöffel) Salz	$1/10$ „
1 Messerspitze Pfeffer	$1/10$ „
Zum Einwälzen: 20 Gramm geriebene Semmel oder Mehl, am besten Brodmehl (2 gestr. Eßlöffel)	$3/5$ „
Zum Braten: 34 Gramm (2 gestrichene Eßlöffel) Butter	8 „
	$53^{4}/_{5}$ Pf.

Die Leber wird gehäutet, in fingerdicke Scheiben geschnitten, mit Salz und Pfeffer bestreut, in Mehl eingewälzt und gebraten.

Zeitdauer der Bereitung ½ Stunde.

2. Kalbsschnitzel für 2—3 Personen.

½ Pfund Kalbsschnitzel	70 Pf.
5 Gramm (1 gestrichener Theelöffel) Salz	$1/10$ „
1 Messerspitze Pfeffer	$1/10$ „
½ Ei oder 1 Eiweiß wird mit 1 Eßlöffel Wasser verklopft	3 „
34 Gramm (2 gestrichene Eßlöffel) Butter	8 „
	$81^{1}/_{5}$ Pf.

Das Fleisch wird in fingerdicke Scheiben geschnitten, geklopft, gesalzen und gepfeffert, in Ei und Semmel gewälzt und in brauner Butter in etwa 5 Minuten braun gebraten, innen müssen sie etwas rosa sein.

Zeitdauer der Bereitung ½ Stunde.

3. Kalbs- oder Schweinekarbonaden

werden wie Kalbsschnitzel gebraten.

Das Schmoren von magern Braten.

1. Geschmortes Rindfleisch für 2—3 Personen.

1 Pfund Rindfleisch (am besten Schwanzstück) . .	60	Pf.
5 Gramm (1 gestrichener Theelöffel) Salz. . . .	$^1/_{10}$	"
Zum Einwälzen: 10 Gramm (1 gestrichener Eßlöffel) Mehl	$^3/_{10}$	"
34 Gramm (2 gestrichene Eßlöffel) Butter . . .	8	"
1 Stückchen Brotrinde und 1 kleine Zwiebel. . .	1	"
4 Pfeffer-, 2 Gewürzkörner und ½ Lorbeerblatt .	1	"
¼ Liter Wasser		
	$70^2/_5$	Pf.

Das Fleisch wird geklopft, gesalzen, in Mehl eingewälzt und in einem offenen Schmortopf braun gebraten. Die Butter muß zum Braten still und braun sein. Ist das Fleisch braun, so wird das Wasser, nebst allen übrigen Zuthaten, hinzugegossen und das Fleisch unter öfterem Wenden im geschlossenen Topf gar geschmort. Sollte das Wasser zu sehr einkochen, so muß man etwas nachgießen. Die fertige Sauce muß etwa ¼ Liter betragen und wird, falls nicht bündig genug, mit ½ Theelöffel Mehl angerührt. (Siehe Seite 15 Nr. 31.) Statt Wasser kann man zuletzt auch Milch oder Sahne an die Sauce gießen.

Zeitdauer der Bereitung 1½ Stunden.

2. Geschmortes Kalbfleisch für 2—3 Personen.

1 Pfund Kalbsbrust	70	Pf.
1 Theelöffel Salz	$^1/_{10}$	"
10 Gramm (1 gestrichener Eßlöffel) Mehl. . . .	$^3/_{10}$	"
34 Gramm (2 gestrichene Eßlöffel) Butter. . . .	8	"
1 kleine Zwiebel, 4 Pfeffer- und 2 Gewürzkörner, ½ Lorbeerblatt	2	"
	$80^2/_5$	Pf.

Wird wie Rindfleisch geschmort.

3. Pfefferklops oder Rinderrouladen für 3—4 Personen.

1 Pfund Schabefleisch	— Mk.	80	Pf.
Zur Füllung: 40 Gramm in kleine Würfel geschnittenes, geräuchertes Speck . .	— „	7	„
1 kleine Zwiebel in Würfel	— „	1/2	„
1 Messerspitze Pfeffer	— „	1/10	„
40 Gramm (4 gestrichene Eßlöffel) Reibbrod	— „	1 1/5	„
Zum Einwälzen: 10 Gramm (1 gestrichener Eßlöffel) Mehl	— „	3/10	„
68 Gramm (4 gestrichene Eßlöffel) Butter .	— „	16	„
1/4 Liter Wasser	— „	—	„
2 Gewürzkörner, 4 Pfefferkörner, 1 kleine Zwiebel und 1/2 Lorbeerblattt . .	— „	2	„
	1 Mk.	7 1/10	Pf.

Das Fleisch wird in dünne Scheiben geschnitten. Diese werden geklopft, mit Speck und Zwiebelwürfeln, Pfeffer und Reibbrot bestreut, zusammengerollt und mit Fäden umwickelt, damit sie sich nicht aufrollen. Dann werden sie in Mehl gewälzt und in einem flachen Topf in brauner Butter von allen Seiten gebräunt. Sind sie braun, wird Wasser und Gewürze hinzugethan, der Topf geschlossen und die Rouladen in etwa 2 Stunden unter öfterem Wenden weich geschmort. Die einkochende Flüssigkeit muß durch etwas Wasser ergänzt werden. Die fertige Sauce muß 1/4 Liter betragen und wird, wenn nicht bündig genug, mit 1 kleinen Theelöffel Mehl angerührt. Statt Wasser kann zuletzt auch Milch oder Sahne an die Sauce gegossen werden. Beim Anrichten entfernt man die Fäden und gießt die Sauce über die Rouladen.

Zeitdauer der Bereitung 3 Stunden.

4. Geschmorte Taube für 1 Person.

1 junge Taube	50	Pf.
5 Gramm (1 gestrichener Theelöffel) Salz	1/10	„
34 Gramm (2 gestrichene Eßlöffel) Butter	8	„
3 Eßlöffel Wasser	—	„
5 Eßlöffel Sahne	5	„
Zum Anrühren: 1/2 Theelöffel Mehl	1/10	„
	63 1/5	Pf.

1 vorbereitete Taube (Siehe Geflügel vorbereiten, Seite 78 Nr. 9) wird mit Salz innen und außen eingerieben und im Schmortopf in brauner Butter von allen Seiten gebräunt. Dann werden 3 Eßlöffel kochendes Wasser hinzugegossen, der Topf wird geschlossen und die Taube, indem man sie öfters kehrt und das einkochende Wasser ergänzt, weich geschmort. Um die Sauce zu machen, gießt man statt Wasser zuletzt Sahne heran und rührt sie mit Mehl an.

5. Geschmortes Keuchel für 1—2 Personen.

1 Keuchel	70	Pf.
5 Gramm (1 gestrichener Theelöffel) Salz	1/10	„
1 Theelöffel Butter und ein kleiner Strauß grüne Petersilie	4	„
Zum Braten 34 Gramm Butter	8	„
5 Eßlöffel Wasser und 5 Eßlöffel Sahne	5	„
Zum Anrühren: 1/2 Theelöffel Mehl	1/10	„
	87 1/5	Pf.

Das vorbereitete Keuchel wird mit Salz innen und außen eingerieben, mit einem in einen Strauß Petersilie eingewickelten Theelöffel Butter gefüllt und wie eine junge Taube geschmort.

Zeitdauer der Bereitung 3/4 Stunde. (Muß das Keuchel erst gerupft und ausgenommen werden, dann 1 1/2 Stunden.)

6. Geschmortes Huhn für 4 Personen.

1 junges Huhn (oder Hahn)	1	Mk.	50	Pf.
10 Gramm (1 gestrichener Eßlöffel) Salz .	—	„	1/5	„
1/8 Pfund (etwa 4 gestrichene Eßlöffel) Butter	—	„	15	„
1/8 Liter Wasser	—	„	—	„
1/8 Liter Sahne	—	„	8	„
Zum Anrühren: 1 Theelöffel Mehl . . .	—	„	1/5	„
	1	Mk.	73 2/5	Pf.

Wie geschmorte Taube.

Zeitdauer der Bereitung 2 Stunden.

Das Schmoren von fettem Fleisch.

1. Geschmortes Schweinefleisch für 2—3 Personen.

1 Pfund fettes Schweinefleisch	70 Pf.
3 Gramm (1 gestrichener Theelöffel) Salz . . .	1/10 "
Zum Fettlösen 5 Eßlöffel kochendes Wasser. Zur Sauce: 1/4 Liter kochendes Wasser, 1 kleine Zwiebel, 1/4 Lorbeerblatt, 2 Gewürz- und 4 Pfefferkörner	2 "
Zum Anrühren der Sauce: 1/2 Theelöffel Kartoffelmehl	1/10 "
	72 1/5 Pf.

Das Fleisch wird geklopft, mit Salz eingerieben, in den Schmortopf gelegt und mit 5 Eßlöffeln kochendem Wasser begossen, um das Fett zu lösen. Man kehrt den Braten nun so lange, bis das Wasser verdampft ist, und der Braten sich in dem sich lösenden Fett gebräunt hat. Ist der Braten von allen Seiten schön braun, und hat man sehr viel Fett im Topfe, so wird dieses abgeschöpft, so daß auf 1 Pfund Fleisch nur 3 bis 4 Eßlöffel Fett im Topfe bleiben. Der Topf wird, nachdem 1/4 Liter Wasser und die Gewürze an das Fleisch gethan sind, geschlossen und das Fleisch weich geschmort. Das einkochende Wasser ist zu ergänzen. Die Sauce muß 1/4 Liter betragen und wird mit Kartoffelmehl angerührt.

Zeitdauer der Bereitung 1 1/2 Stunden.

Schulterkarbonade eignet sich sehr gut zum Schmoren.

2. Geschmortes fettes Hammelfleisch.
(Siehe geschmortes Schweinefleisch.)

3. Geschmorte Ente für 4—5 Personen.

1 fette Ente	2 Mk. —	Pf.
10 Gramm (1 gestrichener Eßlöffel) Salz . --	"	1/5 "
6 kleine Äpfel oder 6 kleine geschälte Kartoffeln —	" 10	"
Zum Fettlösen: 10 Eßlöffel kochendes Wasser —	" —	"
Zur Sauce: 1/4 Liter Wasser	" —	"
Zum Anrühren: 1 Theelöffel Kartoffelmehl —	"	1/10 "
	2 Mk.	10 3/10 Pf.

Die Ente wird vorbereitet, (Siehe Seite 78 Nr. 9) innen und außen mit Salz eingerieben, mit Äpfeln, welche man von Blüte und Stengel befreit hat oder geschälten Kartoffeln und 2 Stielen Majoran gefüllt (nachdem die Ente gefüllt ist, zieht man das Loch des Schlußdarms über den Steiß), mit 10 Eß= löffeln kochendem Wasser begossen und von allen Seiten gebräunt. Dann wird so viel Fett abgeschöpft, daß etwa nur 5 Eßlöffel in der Pfanne bleiben und ¼ Liter kochendes Wasser hinzu= gegossen. Die Ente wird wie jeder fette Braten im geschlossenen Topf gargeschmort. Die Sauce muß ¼ Liter betragen und wird mit Kartoffelmehl angerührt. (Siehe Seite 15 Nr. 31)

Zeitdauer der Bereitung, wenn die Ente ausgenommen ist, 2 Stunden.

4. Bratwurst für 2 Personen.

½ Pfund Bratwurst	35 Pf.
5 Eßlöffel kochendes Wasser	— "
1 Theelöffel Butter oder gutes Schweineschmalz	2 "
	37 Pf.

Die Bratwurst wird in die Flinzenpfanne gelegt und mit 5 Eßlöffeln kochendem Wasser begossen. Ist die Bratwurst nicht sehr fett, so legt man 1 Theelöffel Butter oder gutes Schweine= schmalz in das Wasser. Die Wurst wird nun unter öfterem Kehren, auf nicht zu starkem Feuer, von allen Seiten gebräunt. In etwa 10 Min. ist sie gar. Als Sauce giebt man das Bratenfett.

Magere Braten im Ofen.

Der Ofen muß recht heiß zum Braten sein und 1 Stunde bevor man den Braten einschiebt geheizt werden.

1. Allgemeine Regeln.

Das Fleisch wird geklopft und besalzen, die Butter wird in der Bratpfanne still und braun gemacht, das Fleisch hineingelegt und mit der braunen Butter so lange beschöpft, bis es braun und gar ist (d. h. sich weich spickt). Sollte die Butter zu braun werden, so wird nach dem Beschöpfen ab und zu ein Tropfen Wasser hinein gegossen. Ist der Braten gar, so wird die Sauce gemacht, indem man nach jedem Beschöpfen allmählich, zuerst

— 75 —

 Wasser und nachher die Sahne, oder auch nur Sahne zu-
ßt. Die Sauce wird mit Mehl angerührt, mit Salz ab-
chmeckt und angerichtet.

2. Kalbsbraten.

Auf 1 Pfund Fleisch rechnet man bei größeren Braten
eule oder Rücken) 5 Gramm (1 gestrichenen Theelöffel) Salz.
m Braten: 34 Gramm (2 gestrichene Eßlöffel) Butter. Zur
uce: 4 Eßlöffel Wasser und 4 Eßlöffel Sahne oder 8 Eßlöffel
hne und kein Wasser. Zum Anrühren: 1/2 Theelöffel Weizen-
hl. Auf größere Braten rechnet man pro Pfund 15 Minuten
atzeit. Braten von 1 Pfund werden in 1/2 Stunde gar sein.
(Siehe allgem. Regeln über das Braten von magern Braten.)

Gebratenes junges Huhn oder Keuchel für 1—2 Personen.

Keuchel	70 Pf.
Gramm (1 gestrichener Theelöffel) Salz	1/10 „
Theelöffel Butter	2 „
kleiner Strauß grüne Petersilie	2 „
Gramm (2 gestrichene Eßlöffel) Butter	8 „
Eßlöffel Wasser und 7 Eßlöffel Sahne	7 „
m Anrühren: 1/2 Theelöffel Mehl	1/10 „
	89 1/5 Pf.

Das gut ausgewaschene Keuchel wird mit Salz innen
d außen eingerieben, mit 1 Theelöffel Butter, den man in
 Strauß Petersilie einwickelt, gefüllt und wie jeder magere
raten gebraten. In 1/2—3/4 Stunde ist es gar.

4. Gebratenes Huhn für 4—5 Personen.

junges Huhn (oder Hahn)	1 Mk.	50 Pf.
Gramm (1 gestrichener Eßlöffel) Salz . —	„	1/5 „
m Braten: 1/8 Pfund Butter . . . . . —	„	13 „
r Sauce: 1/8 Liter Wasser und 1/8 Liter Sahne oder nur Sahne . . . . —	„	8 „
m Anrühren: 5 Gramm (1 gestrichener Thee-löffel) Mehl . . . . —	„	1/10 „
	1 Mk.	71 3/10 Pf.

Das Huhn wird innen und außen mit Salz eingerieben
d wie jeder magere Braten gebraten. Bratzeit 1—2 Stunden.

5. Hackbraten oder falscher Hasenbraten für 2—3 Personen.

Siehe Klops.

Klopsteig von ½ Pfund Fleisch	45⅔ Pf.
20 Gramm (2 gestrichene Eßlöffel) Reibbrot zum Formen	⅗ ,,
20 Gramm geräuchertes Speck zum Spicken	4 ,,
51 Gramm (3 gestrichene Eßlöffel) Butter z. Braten	12 ,,
5 Eßlöffel Wasser und 5 Eßlöffel Sahne oder nur Sahne	5 ,,
Zum Anrühren: ½ Theelöffel Mehl	¹⁄₁₀ ,,
	67¹⁄₁₀ Pf.

Man formt mittelst Reibbrot einen großen länglichen Klops. Der Speck wird in kurze Streifen geschnitten und mit Hilfe eines Löffelstiels senkrecht in den Braten hineingesteckt und zwar so, daß er ganz in dem Fleisch verschwindet. Zu braten wie jeder magere Braten.

In ½—¾ Stunde ist er gut. Auf größere Braten rechnet man pro Pfund 20 Minuten Bratzeit.

6. Hasenbraten für 6—8 Personen.

1 Hase v. 8 Pfd. à 30 Pf.	2 Mk.	40 Pf.
15 Gramm (1½ gestrichene Eßlöffel) Salz	— ,,	³⁄₁₀ ,,
¼ Pfund Speck zum Spicken	— ,,	20 ,,
Latus	2 Mk.	60³⁄₁₀ Pf.

                    Transport 2 Mk. 60³/₁₀ Pf.
½ Pfund Butter zum Braten . . . . . . — „ 50 „
Zur Sauce: ½ Liter Sahne . . . . . . — „ 30 „
Zum Anrühren der Sauce: 10 Gramm (1 ge-
    strichener Eßlöffel) Weizenmehl . . — „ ³/₁₀ „
                                          3 Mk. 40³/₅ Pf.

Der Hase wird abgezogen, siehe Seite 76, ausgenommen, gehäutet (siehe Hasen vorbereiten) und mit Speck gespickt (siehe das Speckfäden schneiden und das Spicken der Braten), Seite 79, Nr. 10, und wie jeder magere Braten im Ofen gebraten. Ein junger Hase bratet etwa 1½—2 Stunden. Erkennungszeichen junger Hasen ist, wenn man die Löffel leicht einreißen kann.

7. Rehrücken und Rehkeule

wird gehäutet, gespickt und wie Hasenbraten zubereitet. Auf 1 Pfund Fleisch rechnet man 15—20 Minuten Bratzeit.

8 Das Vorbereiten des Hasen.

Man legt den Hasen auf den Rücken und macht wie (Seite 76) vorgezeichnet a einen Einschnitt rings um die Hinterpfoten und längs den Hinterläufen und zieht letztere sowie den Schwanz aus dem Fell heraus. Nun wird der Hase mit den Hinterläufen an 2 Nägeln aufgehängt und abgezogen. Die Vorderläufe werden wie vorgezeichnet (Seite 76) c und d aus dem Fell

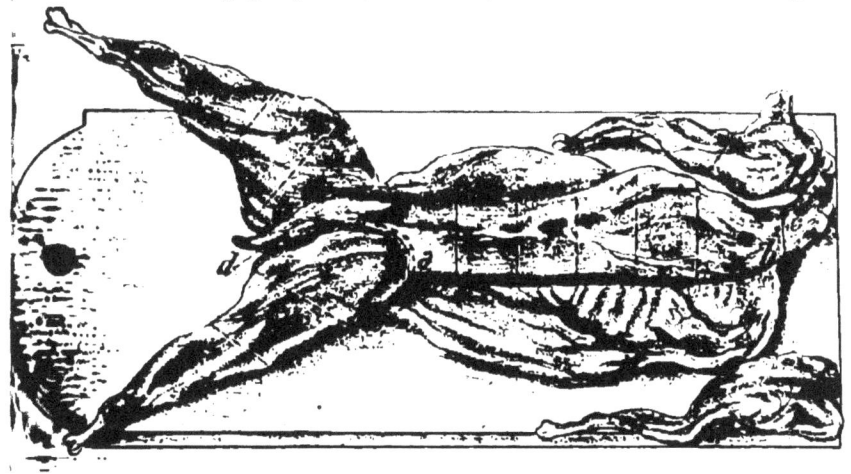

herausgelöst. Der Kopf bleibt im Fell und wird, wie vorgezeichnet e, abgehackt.

Dem abgezogenen Hasen werden die Vorderläufe abgeschnitten. Dann schneidet man den Bauch auf und nimmt die Eingeweide heraus und schlägt die Rippen, wie mit Linien von a bis b vorgezeichnet, mit einem Hackmesser ab, ebenso das Halsende c. Zuletzt schlägt man den Schlußknochen d auf, welcher sich (Seite 77, Nr. 8) unter dem Schwanze befindet, und reinigt denselben. Geknickt wird der Hase wie mit punktierter Linie vorgezeichnet, vor oder nach dem Braten an der obern Seite. Vor dem Braten wird er gehäutet und gespickt. Siehe das Spicken der Braten.

9. Das Ausnehmen des Geflügels.

Vor dem Ausnehmen wird das Geflügel gerupft und nach dem Rupfen über Holz=, Spiritus= oder Strohfeuer gesengt. Nach dem Sengen werden die zurückgebliebenen Federspulen mit einem Messer vorsichtig entfernt. Wie vorgezeichnet, wird jetzt a Schlund und Gurgel am Kopfe gelöst. Dann macht man zwischen den Flügeln b, oberhalb des Kropfes, einen leichten Hautschnitt, so daß man bequem den Kropf fassen kann, zieht vorsichtig zuerst aus der Halshaut Schlund und Gurgel und dann den Kropf heraus und schneidet diesen da, wo der Darm anfängt, ab. Nun löst man unten c durch einen runden Schnitt den Schlußdarm und schneidet, wie vorgezeichnet, den Bauch d auf. (Der Bauch wird bei Enten und Gänsen unter dem Schlußdarm c und bei Hühnern, Keucheln und Tauben über dem Schlußdarm c aufgeschnitten.) Man erfaßt mit Daumen, Zeige= und Mittelfinger der rechten Hand den Magen und zieht diesen, wie Leber, Herz und sämtliche Eingeweide heraus

und kratzt mittels eines Blechlöffels am Rücken noch die Lunge und alles Blutige aus. Der Schnabel wird abgehackt, der Kamm abgeschnitten und die Augen werden ausgestochen. Bei Keucheln bricht man nur den Unterschnabel e ab und zieht vom Ober= schnabel die Hornhaut herunter. Dann wäscht man das Ge= flügel ordentlich ab und kann es nun, nachdem man noch die Krallen und nach Belieben Hals, Flügel und Kopf entfernt hat, zum braten oder kochen verwenden. Magen, Herz und Leber steckt man bei Hühnern, Keucheln, Tauben 2c. in den Bauch zurück und steckt die Füße durch das Loch des Schluß=Darms, legt dann den Hals auf den Rücken des Geflügels und befestigt ihn daselbst, indem man die Flügel über demselben verschränkt. Bei Gänsen und Enten bratet man Leber und Herz apart. Der Magen kommt hier zum Gekröse. — Das innere Fett von Enten und Gänsen legt man, nachdem man es vorsichtig von den Därmen abgelöst hat, für ein paar Stunden in kaltes Wasser, schneidet es dann in kleine Würfel und bratet es, wenn man will, mit 1 kleinen in Scheiben geschnittenen Apfel oder 1 kleinen Zwiebel und 1—2 Stielen Majoran aus. Man giebt es zugekochten Kartoffeln.

Das Vorbereiten des Magens.

Man macht, wie vorgezeichnet, von a bis b an der flachen Seite des Magens einen leichten Einschnitt und entfernt den innern Magen, ohne ihn zu durchschneiden, und zieht die innere dicke Magenhaut ab.

10. Das Spicken der Braten.

Die Speckstreifen zum Spicken der Braten müssen stets mit der Schwarte parallel und in etwa dieser Länge und Stärke [⎯⎯⎯⎯⎯⎯⎯⎯⎯⎯] geschnitten werden. Beim Spicken

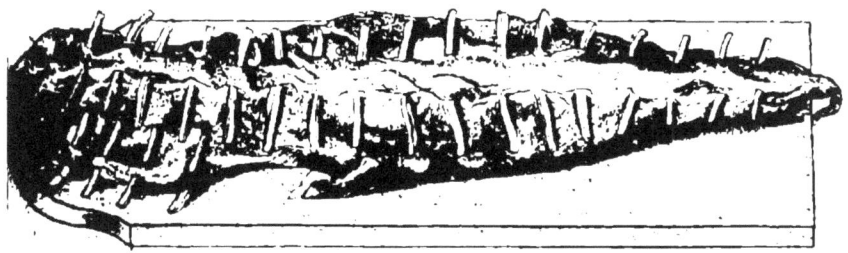

hat man darauf zu achten, daß der Speckfaden die Fleisch
so wie vorgezeichnet durchschneidet. Es soll ⅓ des Speckfa
im Fleisch und ⅔ außerhalb sein.

11. Erkennungszeichen von gutem Fleisch oder jung Geflügel.

Gutes Rindfleisch hat eine schöne rote Farbe und h
gelbes Fett. — Fleisch von alten Tieren sieht blaurot a
und hat dunkelgelbes Fett.

Gutes Kalbfleisch, gutes Schweinefleisch und gutes Ham
melfleisch haben eine rosa Farbe und weißes Fett.

Junge Hühner und Tauben haben einen hellen Schnabel
und helle Krallen (Hühner auch einen schönen roten Kamm.)
Ist das Geflügel schon gerupft, so ist es jung, wenn sich de
Brustknochen leicht eindrücken läßt.

———◆———

Fette Braten im Ofen.

1. Allgemeine Regeln.

Auf 1 Pfund fettes Fleisch rechnet man 5 Gramm (1 ge=
strichener Theelöffel) Salz. — Zum Fettlösen: 5 Eßlöffel
kochendes Wasser. —

Zur Sauce: 10 Eßlöffel Flüssigkeit und zum Anrühren
derselben ½ gestrichener Theelöffel Kartoffelmehl oder 1 Thee=
löffel Weizenmehl. (Siehe Seite 15 Nr. 31.)

Das Fleisch wird vor dem Braten, wenn nötig sehr schnell
abgewaschen, geklopft und mit Salz eingerieben; dann in die
Bratpfanne gelegt, mit kochendem Wasser begossen, in den Ofen
geschoben und so lange (zuerst mit dem Wasser, nachher mit
dem sich lösenden Fett) beschöpft, bis der Braten braun und
weich ist; dann schöpft man so viel Fett ab, daß auf jedes
Pfund Fleisch etwa 3 Eßlöffel Fett in der Pfanne bleiben und
macht die Sauce indem man Wasser oder Sahne zugießt, wie
bei jedem mageren Braten. Setzt die Sauce ab, so muß etwas
Wasser hinzugegossen werden, oder man schöpft etwas Fett ab.

2. Gebratene Ente für 4—5 Personen.

1 wie zum Schmoren vorbereitete gefüllte Ente	2 Mk.	10⁴/₅	Pf.
Zum Fettlösen: 10 Eßlöffel kochendes Wasser	—	„ —	„
Zur Sauce ¼ Liter Wasser	—	„ —	„
Zum Anrühren: 1 Theelöffel Kartoffelmehl	—	„ —	„
	2 Mk.	10⁴/₅	Pf.

Wie jeder fette Braten.
Eine Ente muß 1½—2 Stunden braten.

3. Gebratene Gans für 6 Personen.

1 ausgenommener Gänserumpf	3 Mk.	—	Pf.
30 Gramm (3 gestrichene Eßlöffel) Salz .	—	„ 3/5	„
Zur Füllung: 12 kleine Äpfel oder 12 kleine geschälte Kartoffeln	—	„ 15	„
4 Stiele Majoran	—	„ 1	„
Zum Fettlösen: ½ Liter kochendes Wasser	—	„ —	„
Zur Sauce ¾ Liter Wasser	—	„ —	„
Zum Anrühren der Sauce	—	„ —	„
12 Gramm (1 gestrichener Eßlöffel) Kartoffelmehl	—	„ ½	„
	3 Mk.	17¹/₁₀	Pf.

Siehe gebratene Ente.
Eine Gans muß 3—4 Stunden braten.

4. Schweinebraten.

Die Schwarte wird mit einem Messer eingeritzt. Bei größeren Braten rechnet man auf 1 Pfund Fleisch 15—20 Minuten Bratzeit. Bei kleineren Fleischstücken z. B. Rücken 20—25 Minuten und wenn man nur 1 Pfund Fleisch überhaupt bratet, etwa 30—45 Minuten. Im Übrigen siehe: allgemeine Regeln beim Braten von fettem Fleisch.

5. Fette Hammelkeule oder Rücken.

(Wie jeder fette Braten.)
Auf 1 Pfund Fleisch rechnet man je nach der Größe des Bratens (siehe Schweinebraten) 15—20 Minuten.

— 82 —

6. Gefülltes Schweinerippspeer.

Das Rippspeer wird mit getrockneten, vorher eingeweichten Äpfeln oder Pflaumen oder Kartoffeln und Majoran gefüllt, mit Bindfaden umwickelt und wie Schweinebraten gebraten. Im übrigen siehe: allgemeine Regeln über das Braten von fetten Braten. Auf 1 Pfund gefülltes Rippspeer rechnet man 20 bis 25 Minuten Bratzeit.

Verschiedene Gerichte.

1. Kohlpudding für 3—4 Personen.

1 kleiner Kopf Weißkohl	5 Pf.
Wasser zum Bebrühen	— "
von ½ Pfund Fleisch Klopsteich (Seite 67 Nr. 4)	$45^{2}/_{5}$ "
Zum Kochen des Puddings: 2 Liter Wasser . . .	— "
15 Gramm (1½ gestrichener Eßlöffel) Salz . . .	$^{3}/_{10}$ "
1 Portion Sauce zu gefülltem Kohlkopf (Seite 18)	$11^{7}/_{10}$ "
	$62^{2}/_{5}$ Pf.

Von einem kleinen Kopf Weißkohl nimmt man vorsichtig die Blätter ab, schneidet die dicksten Blattrippen heraus und bebrüht sie mit kochendem Wasser. Nachdem man in eine kleine Schüssel eine ausgebrühte Serviette gelegt hat, packt man in diese 1 Schicht Kohl, 1 Schicht Klopsfleisch, bis Kohl und Fleisch verbraucht sind. (Die unterste und oberste Schicht muß Kohl sein.) Nun bindet man die Serviette über Kreuz fest zu. Der Kohlpudding wird nun in kochendem Salzwasser in etwa 2 Stunden weich gekocht. Auf den Boden des Topfes muß man 1 kleinen Teller legen, damit die Serviette nicht anbrennt. Man giebt eine weiße Sauce dazu. (Siehe Sauce zu gefülltem Kohlkopf Seite 18.)

2. Sauer und süße Klopse für 3 Personen.

Klopse von ½ Pfund Fleisch (Seite 67 Nr. 4) .	$45^{2}/_{5}$ Pf.
Zum Kochen derselben: 1 Liter Wasser und 10 Gramm (1 gestrichener Eßlöffel) Salz	$^{1}/_{5}$ "
1 Portion Sauer und süße Sauce zu gekochten Klopsen (Seite 17)	$6^{4}/_{5}$ "
	$52^{2}/_{5}$ Pf.

Die geformten Klopse werden in kochendem Salzwasser gar gekocht und in die fertige Sauce gelegt.

Klopse werden wie Klöße gekocht. (Seite 31.)

Zeitdauer der Bereitung 1 Stunde.

3. Klops mit Heringssauce.

Die gekochten Klopse werden in die fertige Heringssauce gelegt. (Seite 16.)

4. Sauer u. süße Erbsen, Bohnen od. Linsen für 3—4 Personen.

¼ Liter Hülsenfrüchte	8 Pf.
1 Messerspitze doppeltkohlensaures Natron	1/5 „
Wasser zum Weichkochen, daß es 4 Finger breit übersteht	— „
1 Portion: Braune, sauer und süße Sauce (Seite 19)	8³/₅ „
	16⁴/₅ Pf.

Die Hülsenfrüchte werden am Abend vorher eingeweicht. Am nächsten Tage wird das Einweichwasser abgegossen und die Hülsenfrüchte werden mit frischem Wasser und 1 Messerspitze Natron in etwa 2 Stunden weichgekocht, dann abgegossen und mit der fertigen Sauce gemischt.

5. Heringscrême für 3 Personen.

2 Heringe	20	Pf.
1 Zwiebel	1/2	„
34 Gramm (2 gestrichene Eßlöffel) Butter	8	„
40 Gramm (4 gestrichene Eßlöffel) geriebene Semmel	1 1/5	„
1 Messerspitze Pfeffer	1/10	„
⅛ Liter Sahne	8	„
	37⁴/₅	Pf.

Die am Tage vorher eingewässerten Heringe werden ausgenommen, abgezogen, entgrätet, mit der Zwiebel fein gehackt und mit allen Zuthaten auf dem Feuer so lange gerührt, bis die Masse einmal aufstößt. Wenn man will, kann man den fertigen Crême mit 1 Eigelb, welches mit 1 Eßlöffel Sahne verklopft wird, abziehn. (Siehe Seite 27, Nr. 9.)

Man giebt Kartoffeln dazu.

6. Hachée für 4—5 Personen.

1 Pfund fein gehackte oder gemahlene Fleischreste von rohem oder gekochtem Fleisch wird mit ¼ Liter fertiger Beschamellesauce (Seite 18) oder Bratensauce (welche man etwas verdünnen kann) gemischt; dann etwas eingekocht, abgeschmeckt und angerichtet. Oder man macht eine weiße Mehlschwitzsauce (siehe Petersiliensauce Seite 16) von 34 Gramm (2 gestrichene Eßlöffel) Butter, 20 Gramm (2 gestrichene Eßlöffel) Mehl und ¼ Liter Bouillon oder Wasser und ½ Theelöffel Fleischextrakt, vermischt das Fleisch damit und schmeckt das Hachée mit Salz, Pfeffer und Zitronensaft oder Essig ab.

Siehe weiße Saucen.

Wenn das Fleisch fein gehackt ist, Zeitdauer der Bereitung ½ Stunde.

7. Gedämpfte Schweinekarbonade für 2 Personen.

½ Pfund Schulterkarbonade	35 Pf.
Wasser soviel, daß es 2 Finger breit übersteht	— „
Auf ¼ Liter Wasser rechnet man 5 Gramm (1 gestrichener Theelöffel) Salz	1/10 „
2 Stiele Majoran	1/5 „
1 kleine Zwiebel	1/2 „
1 Stückchen Lorbeerblatt, 2 Gewürzkörner und 4 Pfefferkörner	1/2 „
Zum Anrühren 20 Gramm (2 gestrichene Eßlöffel) Mehl	1/10 „
	36 2/5 Pf.

Die Karbonade wird mit Wasser, Salz und Gewürzen weich und kurz eingekocht und mit Mehl angerührt. Man kann die Sauce auch statt mit Mehl, mit 1 gestrichenen Eßlöffel geriebener Semmel sämig machen. Die fertige Sauce muß mit der Karbonade gleich stehen und wird mit Pfeffer und Salz abgeschmeckt.

8. Gedämpftes Gänse- oder Entengekröse.

(Wie gedämpfte Schweinekarbonade.)

Hefengebäcke.

Loser Hefenteig.

Jeder Hefenteig ist gar, wenn an einem Hölzchen, mit welchem man hineinsticht, nichts kleben bleibt.

1. Kropfen für 4—6 Personen.

¼ Liter Milch	4	Pf.
34 Gramm (2 gestrichene Eßlöffel) Butter	8	,,
¾ Liter Mehl	15	,,
40 Gramm Hefen	8	,,
1 Ei	6	,,
24 Gramm (2 gestrichene Eßlöffel) Zucker . .	1½	,,
5 Gramm (1 gestrichener Theelöffel) Salz . . .	¹/₁₀	,,
Zum Backen 1 Pfund Fett, davon verbraucht ¼ Pfund	10	,,
Zum Bestreuen: 48 Gramm (4 gestrich. Eßlöffel) Zucker	3	,,
	55³/₅	Pf.

Milch und Butter werden auf dem Feuer lauwarm gemacht. Das Mehl wird mit der zerkrümelten Hefe vermischt. In die Mitte des Mehls wird ein Loch gemacht, in dasselbe Ei, Zucker und Salz gethan und die lauwarme Milch unter Rühren langsam hinzugegossen. Der Teig wird nun mit einem Holzlöffel so lange geschlagen, bis er Blasen wirft und vom Löffel los läßt. An einer nicht zu warmen Stelle am Herde muß der Teig in der Schüssel noch einmal so hoch gehen, als er angeteigt wurde. Ist der Teig genug gegangen, wird das Fett in einem Topf still und dampfend gemacht. Ein Holzbrett wird mit Mehl bestreut und Teighäufchen mit einem Löffel auf dasselbe gelegt. Nun zieht man diese Häufchen etwas auseinander, so daß sich in der Mitte ein kleiner Kessel bildet, läßt sie in das dampfende Fett gleiten und backt sie von beiden Seiten braun. Sie sind gar, wenn man mit 1 Hölzchen hineinsticht und nichts an demselben kleben bleibt. Man legt sie, um sie zu entfetten, in eine Schüssel auf Löschpapier. Angerichtet werden sie mit Zucker bestreut.

Zeitdauer der Bereitung 3 Stunden.

Die Milch darf beim Anteigen nicht zu heiß sein, weil man sonst die Hefe verbrüht und der Teig nicht aufgeht.

2. Fladen für 4—6 Personen.

¼ Liter Milch	4	Pf.
34 Gramm (2 gestrichene Eßlöffel) Butter	8	„
¾ Liter Mehl	15	„
40 Gramm Hefen	8	„
5 Gramm (1 gestrichener Theelöffel) Salz	1/10	„
1 Ei	6	„
24 Gramm (2 gestrichene Eßlöffel) Zucker	1½	„
1 Speckschwarte zum Blechausstreichen	1	„
60 Gramm (5 gestrichene Eßlöffel) Zucker zum Bestreuen	4	„
34 Gramm (2 gestrichene Eßlöffel) Butter zum Beträufeln	8	„
	55³/₅ Pf.	

Ein heißes sauberes Backblech wird mit einer Speckschwarte ausgerieben. Der Teig wird wie zu Kropfen angeteigt, stark Finger dick auf das Blech gestrichen und an einen nicht zu warmen Ort zum Gehen hingestellt. Ist er noch einmal so hoch gegangen als er angeteigt war, wird er mit geschmolzener Butter bestrichen, mit Zucker bestreut, dieser wieder noch etwas mit Butter beträufelt und dann bei starker Hitze im Ofen gebacken. (Siehe Seite 85, Loser Hefenteig.)

Zeitdauer der Bereitung 3—4 Stunden.

3. Obstfladen.

Der gut gegangene Fladen wird mit 1 Liter ausgesteinten Pflaumen oder Bierkirschen, oder geschälten in Scheiben geschnittenen Äpfeln schuppenförmig belegt, mit Zucker bestreut und mit Butter beträufelt und bei starker Hitze im Ofen gebacken.

4. Napfkuchen für 4 Personen.

⅛ Liter Milch	2	Pf.
34 Gramm (2 gestrichene Eßlöffel) Butter	8	„
½ Liter Mehl	10	„
	Latus 20	Pf.

	Transport 20	Pf.
40 Gramm Hefen	8	„
1 Ei	6	„
24 Gramm (2 gestrichene Eßlöffel) Zucker . . .	1½	„
8 bittere Mandeln	2	„
½ abgeriebene Citronenschale	2½	„
⅛ Pfund Sultaninen oder Korinthen	7½	„
1 Theelöffel Butter zum Formausstreichen . . .	2	„
	49½	Pf.

Die Kuchen= oder Napfkuchenform wird mit Butter ausgestrichen. Der Teig wird wie zu Kropfen angeteigt, mit allen Zuthaten vermischt und blasig geschlagen. Dann wird er in die ausgestrichene Form gethan und muß in derselben an einer nicht zu warmen Stelle noch einmal so hoch gehen, als er angeteigt wurde. Bei starker Hitze wird er gebacken. (Siehe Seite 85, Loser Hefenteig.)

Fester Hefenteig.
1. Einfacher Stritzel.

¼ Liter Milch	4	Pf.
¾ Liter Mehl	15	„
30 Gramm Hefen	6	„
10 Gramm (1 gestrichener Eßlöffel) Salz . . .	⅕	„
	25⅕	Pf.

Ein heißes Backblech wird mit einer Speckschwarte ausgerieben. Aus allen Zuthaten macht man einen Teig (siehe Kropfen, Seite 85). Dieser Teig wird zuerst mit dem Löffel ordentlich in der Schüssel verrührt, dann auf einem Holzbrett mit den Händen so lange bearbeitet, bis er, wenn man ihn durchschneidet, innen kleine Löcher hat und glatt von den Händen und dem Brett losläßt. Sollte der Teig zu sehr kleben, so kann man etwas mehr Mehl nehmen. Man formt nun mit den Händen 1—2 längliche Stritzel, legt diese auf das Blech und läßt sie auf demselben an einer nicht zu warmen Stelle noch einmal so hoch gehen, als sie angeteigt wurden. Sie werden bei starker Hitze gebacken. Jeder Hefenteig ist gar, wenn man mit einem Hölzchen hineinsticht und nichts an demselben kleben bleibt.

2. Mohnstritzel.

⅛ Liter Milch	2	Pf.
17 Gramm (1 gestrichener Eßlöffel) Butter . . .	4	"
½ Liter Mehl	10	"
40 Gramm Hefen	8	"
5 Gramm (1 gestrichener Theelöffel) Salz	1/10	"
24 Gramm (2 gestrichene Eßlöffel) Zucker	1½	"
1 Eigelb	3	"
Zum Bestreich.: 17 Gramm (1 gestrich. Eßlöffel) Butter	4	"
Zur Füllung: ¼ Liter geriebener Mohn	15	"
1 Ei	6	"
⅛ Pfund Sultaninen	7½	"
8 bittere Mandeln	2	"
20 Gramm kleingeschnittene, kandierte oder eingemachte Pomeranzenschalen oder Zitronat oder ½ abgeriebene Zitrone	5	"
¼ Pfund Zucker	7	"
	75 1/10 Pf.	

Der Teig zu Mohnstritzel wird wie jeder andere Hefenteig (siehe einfacher Stritzel Seite 87) angeteigt und auf einem Holzbrett wie der Teig zu gewöhnlichen Stritzeln bearbeitet, dann wird er dünn ausgerollt und mit geschmolzener Butter bestrichen.

Zur Füllung mischt man alle Zuthaten gut durcheinander und streicht sie auf den mit Butter bestrichenen Teig, rollt diesen zusammen und legt ihn auf ein mit Speck abgeriebenes Blech zum Gehen. Wenn er genug gegangen ist, wird der Stritzel bei starker Hitze gebacken. Soll die Oberfläche blank sein, so wird sie vor dem Backen mit verklopftem Ei und Wasser oder geschmolzener Butter bestrichen. Man verklopft 1 Ei in diesem Fall mit 3 Eßlöffeln Milch oder Wasser. Man formt aus dem Teige 2—3 Stritzel oder Kringel. Statt der Mohnfüllung kann man auf den fertig mit Butter bestrichenen Teig ¼ Pfund Sultaninen streuen.

Zeitdauer der Bereitung 4 Stunden.

3. Pfannkuchen für 3—4 Personen.

Hefenteig wie zu Mohnstritzel rollt man fingerdick aus und sticht mit einem kleinen Wasserglas runde Flecken aus. Die

Hälfte der Flecken wird mit je ½ Theelöffel dicker Marmelade (am besten Himbeermarmelade) belegt. Die unbelegten Flecken werden auf die belegten geklappt und die Ränder ringsherum zusammengedrückt. Wenn die Pfannkuchen auf einer warmen Stelle noch einmal so hoch, wie sie angeteigt wurden, gegangen sind, werden sie schwimmend in Fett gebacken. (Siehe Kropfen backen.) Das Brett oder Blech, auf welchem man die Pfannkuchen gehen läßt, muß mit etwas Mehl bestreut werden, weil sie sonst zu sehr an demselben kleben.

Zeitdauer der Bereitung 4 Stunden.

Kuchen.

1. Gewürznüsse für 2—4 Personen.

1 Ei	6 Pf.
96 Gramm (8 gestrichene Eßlöffel) Zucker	6 "
¼ Pfund (12 gestrichene Eßlöffel) Mehl	4 "
2 gestoßene Gewürzkörner, 6 gestoßene Nelken und ½ Theelöffel Zimmet	3 "
¼ abgeriebene Zitronenschale	1 "
	20 Pf.

Ei, Zucker und Gewürze werden schäumig gerührt und mit dem Mehl vermischt. Man formt mit den Händen aus dem Teige haselnußgroße Stückchen, welche man auf ein gut ausgeriebenes Blech legt und im Ofen bei nicht zu schwacher Hitze hellbraun backt. (Siehe über das Backen: Brotkuchen Seite 90.)

2. Brotkuchen für 6—8 Personen.

10 Eier	60 Pf.
½ Pfund Zucker	13 "
10 bittere Mandeln, fein gerieben	2 "
30 Gramm, etwa 30 Stück süße Mandeln, fein geschnitten	8 "
⅛ Pfund geriebene Schokolade	10 "
Latus	93 Pf.

Transport	93	Pf.
⅛ Pfund kandierte oder eingemachte Pomeranzenschalen	15	„
170 Gramm (17 gestrichene Eßlöffel) geriebenes trockenes Schwarzbrot	6	„
1 Theelöffel Butter zum Formausstreichen . . .	2	„
Reibbrod (1 gestrichener Eßlöffel) zum Ausstreuen	3/10	„
	1 Mk. 16 3/10	Pf.

Eigelb, Zucker und Gewürze werden in etwa ½ Stunde schäumig gerührt und dann mit der Schokolade und dem Brot vermischt. Zuletzt wird der steife Eischnee damit leicht verrührt, der Kuchen in die ausgestrichene und ausgestreute Form gethan und sofort bei ziemlich starker Hitze gebacken. Es darf beim Backen kein Feuer, sondern nur noch Glut im Ofen sein. Er ist gar, wenn an einem Hölzchen, mit welchem man hineinsticht, nichts kleben bleibt.

3. Griestorte für 6—8 Personen.

7 Eier	42	Pf.
300 Gramm (25 gestrichene Eßlöffel) Zucker . . .	15	„
1 abgeriebene Zitronenschale	5	„
8 bittere Mandeln	6	„
150 Gramm (12½ gestrichene Eßlöffel) Mittelgries	6	„
1 Theelöffel Butter zum Formausstreichen . . .	2	„
10 Gramm (1 gestrichener Eßlöffel) Reibbrot zum Ausstreuen	3/10	„
	76 3/10	Pf.

Der Kuchen wird wie Brotkuchen gerührt, zuletzt mit dem steifen Eischnee gemischt und in einer mit Butter ausgestrichenen und mit Reibbrot ausgestreuten Form, bei nicht zu starker Hitze, gebacken. Er ist gar, wenn man mit einem Holzstückchen hineinsticht und nichts an demselben kleben bleibt.

4. Sandkuchen für 6—8 Personen.

½ Pfund Butter	50	Pf.
4 Eigelb	24	„
½ Pfund Zucker	13	„
	Latus 87	Pf.

	Transport	87	Pf.
½ Pfund Kartoffelmehl		8	„
20 Gramm (2 gestrichene Eßlöffel) Vanillezucker .		10	„
oder ½ kleine Schote mit Zucker gestoßene Vanille			
½ abgeriebene Zitronenschale		2½	„
1 kleine Messerspitze Hirschhornsalz		⅕	„
1 Theelöffel Butter zum Formausstreichen . . .		2	„
10 Gramm (1 gestrichener Eßlöffel) Reibbrot zum Ausstreuen		3/10	„
	1 Mk.	10	Pf.

Die Butter wird zu Sahne gerührt und mit den Eigelb, Zucker, Gewürzen und dem Hirschhornsalz ½ Stunde schäumig gerührt. Dann wird das Kartoffelmehl löffelweis hineingenommen und tüchtig verrührt. Zuletzt wird der sehr steife Eischnee damit vermischt, und der Kuchen bei nicht zu starker Hitze im Ofen gebacken. (Siehe über das Backen: Brotkuchen Seite 90.) Er ist gut, wenn man mit einem Hölzchen hineinsticht und nichts an demselben kleben bleibt.

5. Baisechen für 2—3 Personen.

2 Eiweiß	6 Pf.
96 Gramm (8 gestrichene Eßlöffel) Zucker	6 „
	12 Pf.

2 Eiweiß werden zu sehr steifem Schnee geschlagen und schnell mit dem Zucker vermischt. Mit einem Löffel legt man von der Masse kleine Häufchen auf ein gut mit Wachs, Butter oder Speckschwarte eingeriebenes Blech und backt sie sofort bei sehr schwacher Hitze in etwa 1—2 Stunden hellgelb. Sie müssen innen hart sein.

6. Makronen für 6—8 Personen.

½ Pfund süße Mandeln	50 Pf.
30 Gramm bittere Mandeln (etwa 30 Stück) . . .	8 „
½ Pfund Zucker	13 „
4—5 Eiweiß	15 „
	86 Pf.

Die Mandeln werden mit kochendem Wasser gebrüht, abgezogen, gerieben und mit dem Zucker vermischt. Die Eiweiß werden zu steifem Schnee geschlagen und unter die Masse gerührt. Auf ein gut ausgestrichenes Blech werden mit zwei Theelöffeln kleine Teighäufchen gelegt. Man backt die Makronen bei starker Hitze hellbraun. (Siehe Brotkuchen Seite 90.) Innen müssen sie nicht hart sein. Man kann zu den Makronen auch unabgezogene Mandeln nehmen.

Maß- und Gewichtstabelle.

1 Liter		hat	56	Eßlöffel.
1 gestrichener Eßlöffel Salz		wiegt	10	Gramm.
1 " " Cacao		"	10	"
1 " " Korinthen		"	10	"
1 " " Weizenmehl		"	10	"
1 " " Mondamin		"	10	"
1 " " Natron		"	10	"
1 " " Paniermehl		"	10	"
1 " " geriebene Semmel .		"	10	"
1 " " Hafergrütze		"	11	"
1 " " Gries		"	12	"
1 " " Kartoffelmehl . . .		"	12	"
1 " " Zucker		"	12	"
1 " " Graupen		"	15	"
1 " " Reis		"	16	"
1 " " Butter oder Fett . .		"	17	"
1 " " Rosinen		"	20	"

Berichtigung.

Seite 41. Brühpudding Nr. 5. Zum Kloßabbacken statt $1/4$ Liter Milch $1/8$ Liter Milch.